Stefanie Körner
John Scarman

ROSEN FÜR DIE SINNE

Gartentipps
Dekoideen &
Schönheitsrezepte

Inhalt

7 Vorwort

DIE WELT DER ROSEN

10 Eine Welt ohne Rosen? – Unvorstellbar!

12 Kulturgut Rose

14 Die Namen der Rose

18 Die Seele der Rose
Duft, Zartheit und Farbe

22 *Special*
Von Vampiren, Hexen und Heiligen

24 Gute Rosen für schöne Gärten
Gartengestaltung mit Strauch- und Kletterrosen

31 Schöne Rosen für Terrasse und Balkon
Schmuck, Sichtschutz und Pflege

34 Die Königin und ihr Hofstaat
Begleitpflanzen zu Rosen im Garten und im Topf

40 Wie du mir – so ich dir!
Rosenpflege und Rosenschnitt

ROSENGLAMOUR

46 Das Rosenfest im Landhaus Ettenbühl

48 Rosige Geschenkideen
Duftendes Papier, Rosenpotpourri, Rosenkugeln

50 Vorbereitungen für Ihr Rosenfest

52 *Special*
Tischdekoration mit Rosen

54 Rosenküche
Rosenwasser selbst herstellen,
Rosige Getränke und
Rosendesserts,
Lady Scarman's Rose-Teatime

WELLNESS & BEAUTY

64 Heilerin und Helferin
in einer hektischen Welt
Entspannendes und Wohltuendes gegen kleine Leiden

68 *Special*
Die Gewinnung von Rosenwasser und Rosenöl

70 Rosenkosmetik selbst gemacht
Rosen-Gel, Rosencremes, Badezusätze und Pflegeöle

76 Register

78 Adressen, Literatur und Impressum

ROSENGARTEN

Vorwort

Wer hat schon das Glück, barfuß aufzuwachsen, in einem Garten voller Farben, Düfte und Romantik, mit viel Platz und Ungezwungenheit? Ich verdanke das meinen Eltern, die Anfang 1970 einen Bauernhof erstanden, der uns Kindern paradiesische Freiheit bot und die Möglichkeit mit unseren Händen zu arbeiten. Viele Stunden haben wir im Garten und auf dem Feld gewühlt, was das Taschengeld aufbesserte und sonst auch nicht geschadet hat.

Den Rosen – vor allem den alten Sorten – verfiel zuerst meine Mutter. Von einer Englandreise brachte sie in den frühen 70er Jahren die ersten Alten Rosen mit, die zu jener Zeit bei uns aus der Mode und fast vergessen waren. Diese Rosen stehen noch heute in unserem Garten und blühen jedes Jahr in voller Pracht. Aber nicht nur die Rosen hatten es ihr angetan. Nein viel schlimmer; sie fing sich den klassischen, in England weit verbreiteten „Gartenvirus" ein und der Rest der Familie wurde – manchmal nicht ganz freiwillig – mit angesteckt. So verwandelte sich während der letzten 25 Jahre Weide- und Ackerland langsam und behutsam in eine wunderschöne Gartenlandschaft im englischen Stil, die heute das Herz des *Landhaus Ettenbühl* ist.

Mir hat es Mitte der 80er Jahre erst einmal gründlich gereicht mit gesunder Landluft und es zog mich ins trubelige und schillernde Stadtleben. Kontrastprogramm mit Stöckelschuh und Nagellack war angesagt und ich genoss mein Leben als Fernsehredakteurin. Warum es mich dann doch zurück zu Rosenduft und Landluft zog und ich mich nirgendwo anders mehr hin wünsche, davon soll Ihnen dieses Buch erzählen – nämlich von der Magie und der unbeschreiblichen Romantik der Rosen und der großen Freude, täglich mit diesen wunderbaren Pflanzen arbeiten zu dürfen.

Beim Schreiben dieses Buches hat mich der bekannte englische Rosenzüchter und Gartendesigner John Scarman mit großem Enthusiasmus und vielen seiner Wissensschätze unterstützt. Wir haben versucht, ein rundes, jedoch nicht umfassendes und ein unterhaltsam-informatives, aber nicht belehrendes Bild der Rose zu zeichnen. Gemeinsam wünschen wir Ihnen viel Spaß beim Lesen und Gärtnern!

Stefanie Körner und John Scarman

Der Pfingstrosenweg in den Gärten von Landhaus Ettenbühl.

Die Welt der Rosen

Das Buch ist wie eine Rose,
beim Betrachten der Blätter öffnet sich
dem Leser das Herz.

Persischer Sinnspruch

Die Welt DER ROSEN

Eine Welt ohne Rosen ? – Unvorstellbar!

Wir wissen, dass die Rose seit dem Beginn der Geschichtsschreibung auf die Menschheit eine ganz besondere Faszination ausübt. Sie wurde zum Symbol unterschiedlichster Strömungen, aber die größte Bedeutung wurde ihr von Anbeginn bis heute sicher in der Liebe zuteil: Weiße Rosen standen für Unschuld, Rosa für das Erwachen und Rot für die Leidenschaft.

In jenen weit zurückliegenden Zeiten blühte die Rose lediglich einmal im Jahr für wenige Wochen. Viele unserer heutigen Rosen blühen den ganzen Sommer über. Trotz, oder vielleicht gerade wegen, dieses kurzen Zeitraums der Blüte hat die Rose in der Vergangenheit mehr Poesie, Musik, Malerei und andere Künste angeregt als jede andere Pflanze. Wenn Sie einmal überlegen: Von großen literarischen Werken, Romanen und Märchen, über Opern und Operetten bis hin zu modernen Kinofilmen, Groschenromanen und Schlagern – es gibt kaum eine Romanze oder Tragödie ohne einen Bezug zu Rosen. Denken Sie nur an *Der Rosenkavalier*, *Romeo und Julia*, *Dornröschen*, auch an die modernen Hollywood-Filme wie *Der Rosenkrieg* und Welthits wie *England's Rose* (*Candle in the Wind* zum Tod von Prinzessin Diana).

In den Tagen, als Männer noch „Gentlemen" waren und Heiratsanträge kniend bei Mondschein hauchten, geschah dies natürlich vorzugsweise in einer lauschigen Rosenlaube. Und der Held in „Mantel- und Degenfilmen" schwingt sich verwegen an einem (meist bereits brennenden) Seil von Mauervorsprung zu Mauervorsprung und hat natürlich eine rote Rose zwischen den Zähnen, um der Liebsten, die er aus den Fängen des von ihr ungeliebten Nebenbuhlers rettet, seine Liebe noch während des halsbrecherischen Abenteuers zu bezeugen.

Die Rose ausschließlich als Inbegriff der Liebe und Romantik zu sehen, wäre allerdings nicht korrekt. Ihre Bedeutung und Symbolik erstreckt sich über die Jahrtausende in viele andere Lebensbereiche. So kann sie im Zusammenhang mit Kampf, Krieg und Tod stehen, wie beispielsweise in den blutigen englischen Rosenkriegen (1455–1485), bei deren Ausgang die rote Rose von Lancaster (Henry VII) über die weiße Rose von York (Richard III) triumphierte. Und noch viel früher in der Geschichte findet man bei den Germanen Hinweise auf „Rosengärten", wie sie ihre von Wildrosen eingefassten Grab- und Kultstätten nannten. Dort wurden wahrscheinlich rituelle Feste und raue Kampfspiele abgehalten und diese „Rosengärten" hatten wenig mit dem zu tun, was wir heute einen – vor allem friedvollen – Rosengarten nennen.

Eine ganz irdische Bedeutung hatte die Rose im alten Rom, wo Freudenmädchen häufig „Rose" genannt wurden oder die Rose als Zeichen Ihrer Profession trugen.

Auch das „sub rosea" war ein Brauch des alten Rom und bedeutete, dass man unter einem von der Decke hängenden Zweig weißer Rosen frei und

Die Rose 'Souvenir de la Malmaison' verkörpert die wunderbare Romantik Alter Rosen.

offen sprechen konnte, ohne verraten oder angezeigt zu werden. Diesen Brauch haben spätere Geheimbünde übernommen – was „unter der Rose" gesagt wurde, fiel unter das strikte Gebot der Verschwiegenheit.

In der Medizin ist die Rose über Jahrhunderte bis heute eine wichtige Heilpflanze (Rosenwasser und Hagebutten) und wird besonders zu diesem Zwecke angebaut. Im Mittelalter ordnete Karl der Große sogar an, in jedem Garten des Reichs mindestens eine Rose zu pflanzen.

Die christliche Marienverehrung ist seit dem 11. Jahrhundert stark auf die Rose konzentriert und bis heute betet man in der katholischen Kirche den Rosenkranz, der eine Folge von Gebeten in bestimmter Reihenfolge symbolisiert.

Die Rose als „Königin der Blumen" spielt bis zum heutigen Tag eine Hauptrolle im Reigen unserer Gartenpflanzen. Über keine Pflanze wird so viel geschrieben, gelesen und gesungen, keine andere Pflanze wird so häufig gemalt, fotografiert oder verschenkt und nur die Rose lädt so sehr zum Träumen, zur Fantasie und zur hingebungsvollen Leidenschaft ein. Angelus Silesius (1624-1677) schreibt und man kann es nicht besser ausdrücken:

> Die Ros' ist ohn' Warum,
> sie blühet, weil sie blühet;
> Sie acht' nicht ihrer selbst,
> fragt nicht, ob man sie siehet.

Die Welt DER ROSEN

Kulturgut Rose

Die Geschichte der Rose kann man als Spiegel der Zivilisationsgeschichte betrachten. In allen Zivilisationen und zu allen Zeiten war sie ein wichtiger Bestandteil des kulturellen Lebens. 3000 v. Chr. war die Rose im alten Ägypten der Göttin Isis geweiht. 2500 v. Chr. brachte König Sargon die Rose nach Mesopotamien, die Minoer auf Kreta hatten eine sechsblättrige Rose als ihr Symbol und die Phoenizier handelten bereits mit Rosenwasser.

Die alten Griechen liebten Rosen und sie unterpflanzten sie mit Knoblauch, um den Rosenduft noch zu verstärken. Außerdem hatten sie bereits die Fähigkeit entwickelt, Rosen zu okulieren, also zu vermehren. Die Destillation von Rosenwasser war ihnen geläufig und sie stellten wertvolles Rosenöl her.

Aber es waren letztendlich – wie so oft – die Römer, die die Rose über alle anderen Pflanzen erhoben und ihr zu enormer Popularität und weiter Verbreitung verhalfen.

Wenn die Rosen im frühen Mai zu blühen begannen, war dies ein willkommener Anlass für die Römer, ein – sagen wir – leidenschaftliches, wahrscheinlich sogar recht exzessives Fest zu feiern. Zum „Rosalia" wurden die Straßen mit Rosenblättern bestreut, Brunnen und Wasserspiele mit Rosenwasser gespeist und im folgenden Februar stieg die Population in Rom dramatisch an.

Das frühe Christentum verstand die Rose als Sinnbild römischer Exzessfreudigkeit und lehnte sie deshalb rundweg ab, wohingegen sie vom Islam tief verehrt wurde. Hier glaubte man nämlich, dass die Rose aus einem Schweißtropfen des Propheten auf der Flucht ins Paradies entstanden sei. Die Verbreitung des Islam, sowohl nach Indien wie auch über Nordafrika nach Spanien, brachte die Damascena Rose ebenfalls dorthin. Viel früher schon wurde allerdings in China eine merkwürdige Entdeckung gemacht: Ein reisender Mönch stolperte zufällig über eine blühende Rose und das im frühen Herbst! Die Kunde von chinesischen Rosen, die den ganzen Sommer blühten, verbreitete sich aber erst viel später in Europa.

Es war Kaiserin Joséphine (1763–1814), die Gattin Napoleons, die der Rose in Europa zu großem Ruhm verhalf. Sie war sicherlich eine ganz zentrale Figur in der Entwicklungsgeschichte der Rose. Ihr großer Reichtum und ihre noch größere Leidenschaft für Rosen machten es möglich, dass öfter blühende Rosen aus China nach Europa importiert wurden.

Im 10. Jhd. soll ein arabischer Gelehrter in der Nähe von Damaskus blaue Rosen produziert haben. Zu diesem Zwecke goss er weiße Rosen im Frühling mit einer Jodtinktur.

KULTURGUT ROSE

Stellen Sie sich folgende Szene vor: das Jahr 1810 – Morgendämmerung an der französischen Küste. Ein großes Handelsschiff versucht in den Hafen zu schleichen, eine britische Fregatte setzt weitere Segel, um das Handelsschiff zu erwischen, bevor es die Sicherheit der Festungskanonen erreicht. Für einige Momente hält sich das Schicksal die Waage – bis die schnittige Fregatte das Rennen gewinnt. Der Fregattenkapitän, nach Beutewert bezahlt, ist – wie man sich vorstellen kann – reichlich entsetzt, als er feststellt, dass das aus Bengalen kommende Schiff voller Pflanzen ist, hauptsächlich Rosen für den Garten der Kaiserin Joséphine in *Malmaison*. Die Rosen gelangen letztlich doch noch ans Ziel und die Kaiserin sorgt mit ihrem großen Wissen und ihrer Leidenschaft zur Rose für enorme Bewegung auf dem Gebiet der Rosenzucht.

DIE ALTEN ROSEN

Joséphine versammelte die führenden Botaniker und Züchter um sich und durch Kreuzungen der neu eingeführten Chinarosen mit den europäischen Rosen entstanden viele öfter blühende Rosen, die wir heute als Alte oder Historische Rosen kennen. Um 1890 werden die ersten Teehybriden gezüchtet, die ganz groß in Mode kommen und die alten Rosensorten für einige Zeit fast völlig verdrängen. Erst durch passionierte Gärtnerinnen des 19. und 20. Jh., wie Gertrude Jekyll und Vita Sackville-West, werden die alten, romantischen Rosensorten wieder entdeckt und kehren in die Gärten zurück. Wir gestehen, auch wir sind den Alten Rosen verfallen, denn sie haben ein besonders romantisches Flair, meist einen wunderbaren Duft, fühlen sich zart und seidig an und sind darüber hinaus sehr gesunde und leicht zu pflegende Gartenpflanzen. Als wir *Landhaus Ettenbühl* und unsere Rosenbaumschule gründeten, haben wir uns aus eben diesen Gründen ohne Zögern auf die alten Rosensorten beschränkt. Viele dieser Rosen blühen den ganzen Sommer und die Sorten, die sich auf eine einmalige Blüte beschränken, sind während dieser Zeit so atemberaubend schön und duftend, dass man es ihnen gerne nachsieht, wenn sie sich nach ungefähr sechs Wochen exquisiter und reicher Blüte bis zum nächsten Sommer verabschieden.

Woher kommen gelbe Rosen?

Man weiß, dass es im altertümlichen Persien gelbe Rosen gab. Sie hatten einen leicht unangenehmen Duft und wurden deshalb damals nicht angebaut. Auch ist nichts über sie in den Überlieferungen zu finden – Dichter und Geschichtsschreiber übergingen sie. Erst 1810 wurden gelbe Rosen aus China in Europa eingeführt. Ihr Duft erinnerte an frisch geernteten Tee, und diese Rosen waren die Eltern der gelben Rosen, die wir heute in unseren Gärten haben.

Die Welt DER ROSEN

Die Namen der Rose

Rosennamen kann man in verschiedene Gruppen unterteilen. Sie können Charakteristika der Rose beschreiben wie 'Little White Pet' (Kleiner weißer Liebling), 'Moonlight' (Mondlicht) oder 'Maiden's Blush' (Das Erröten der Jungfrau). Sie können einen bestimmten Ort würdigen wie 'Souvenir de la Malmaison', 'Gruß an Aachen' oder 'Variegate di Bologna' oder an geschichtliche Ereignisse erinnern wie 'Souvenir de la Bataille de Marengo' (Schlacht von Marengo, Italien, 1800) oder 'Hiroshima's Children' (Die Kinder von Hiroshima). Am weitesten verbreitet sind jedoch Rosen, die Namen von Menschen tragen.

Ursprünglich war es Brauch, eine Rose nach der Familie des jeweiligen Züchters zu benennen. Die Namen 'Cochet', 'Soupert et Notting' oder 'Barbier' geben hierfür Zeugnis. Persönlichkeiten von Rang und Namen, Staatsfrauen und -männer oder Stars standen und stehen natürlich besonders häufig Pate für Rosennamen: von 'L'Impératrice Joséphine' über 'Königin von Dänemark' und 'Cardinal de Richelieu' bis hin zu 'Princess Diana' und 'Steffi Graf' gibt es eine schier endlose Liste berühmter Persönlichkeiten, deren Namen Rosen schmücken.

Im späten 19. Jahrhundert entstand eine neue Modeerscheinung, nämlich die „käufliche Rose". 1881 erwarb der Pariser Bankier Monsieur Isaac Pereire eine frisch gezüchtete bis dato unbekannte Rose und ließ sie nach seiner Frau 'Madame Isaac Pereire' benennen. Wie praktisch für ihn, dass Damen zu jener Zeit nicht ihre eigenen Vornamen öffentlich trugen und die Investition somit noch lohnender war. Die Freundinnen der Madame Pereire, weniger nachsichtig als spitz, bemerkten zu diesem für die Zeit neureichen Unterfangen: „Wie passend, die Rose ist groß, hochrot, zerzaust und riecht!"

Die Pariser Schneiderin Caroline Testout ging 1901 noch einen Schritt weiter und kaufte sich von einem Züchter zu Werbe- und Selbstvermarktungszwecken als Modemacherin eine wunder-

'The Lady Scarman' blüht den ganzen Sommer und erfüllt den Garten mit ihrem herrlichen Duft.

schöne, starke Kletterrose in rosé, die wir heute als 'Madame Caroline Testout' kennen.

'Cécile Brunner', die ursprüngliche 'Sweetheart Rose', hat vollendete Blüten in zartem Rosa. Sie wurde 1881 von einem französischen Züchter eingeführt und wir kennen sie alle, denn sie wird häufig als Dekor für Porzellan verwendet. Als wir unsere erste Ausstellung Alter Rosen des *Landhaus Ettenbühl* auf einer Schweizer Gartenmesse zeigten, sprach mich eine betagte Dame an.
„Wissen Sie, wer ich bin?", fragte sie bestimmt, was ich nach kurzem Nachdenken zögernd und höflich verneinte.
„Ich bin die Tochter von Cécile Brunner und wie ich mich freue, dass Sie die Rose meiner Mutter hier haben!" Die Rose war damals ein Geschenk für die kleine Cécile und hier stand nun viele Jahre später ihre Tochter vor mir, die glücklich zwei Rosenstöcke mit nach Hause nahm.

Zu den schönsten Alten Rosen zählt 'Souvenir de la Malmaison' und die Geschichte ihres Namens ist ihrer würdig. Napoleon war gerade in der Schlacht von Waterloo besiegt und es war der Abend seiner Abreise ins Exil nach Elba. Die Alliierten schickten den russischen Zaren Alexander zu Kaiserin Joséphine, um ihr zu versichern, dass man sie ehrenhaft behandeln und in Frieden lassen würde.
Es war ein schmerzliches Treffen, denn Joséphine war krank und nicht weit vom Tod entfernt. Es sollte das letzte Mal gewesen sein, dass ihr geliebtes Heim *Malmaison* in Licht und Glanz für einen hochwohlgeborenen Gast erstrahlte. Wahrscheinlich war es auch das letzte Mal, dass sie lächelte mit dieser kleinen, typischen Geste die Hand vor den Mund haltend. Sie war nämlich wunderschön, aber ihre Zähne waren bedauernswert. Als das Treffen beendet war, zog sie eine Rose aus der Vase und gab sie dem Zar mit den Worten „Un souvenir de la Malmaison."
Jahre später, nämlich 1843, besuchte der russische Großherzog Nikolaus die Gärten von Malmaison, um sich nach Rosen für seinen Winterpalast in Sankt Petersburg umzusehen. Er stieß auf einen unbekannten Sämling und erinnerte sich der letzten Worte Joséphines zu seinem Vater und benannte diese wunderschöne und duftende Rose 'Souvenir de la Malmaison'.

'The Lady Scarman' ist eine Rose, die für mich alle guten und wichtigen Wesenszüge einer Rose vereint. Sie blüht den ganzen Sommer, hat einen wunderbaren, intensiven Duft, ist romantisch und lieblich, klettert üppig an einer Säule oder an einem Bogen, zeigt sich jedoch genauso gerne als Strauch in Gesellschaft anderer Rosen und Stauden in einem Beet. Auch auf Balkonen und Terrassen gedeiht sie im Topf ganz hervorragend.
Sie gehört zur Familie der Moschata-Hybriden und wurde – wie der Name nahelegt – von John Scarman gezüchtet. Er widmete diese Rose seiner Mutter, die, obwohl weit in den Achtzigern, ihren Garten noch immer genießt.

Die Welt DER ROSEN

Wer das Glück hat, die betagte Lady zu kennen, fühlt sich bei Teatime und gepflegter Konversation in eine andere Zeit versetzt. Da werden Geschichten und Geschichte lebendig, wenn sie die Jahre um 1930 in Arabien als Gesellschafterin und Assistentin der englische Reiseschriftstellerin, Fraya Stark, Revue passieren lässt. Über Aden und weitere abenteuerliche Stationen zurück in England, entschlüsselte sie deutsche Geheimcodes für den englischen Geheimdienst und schließt sich dem belgischen Widerstand gegen das Naziregime an. Später, als Gattin von Lord Scarman, einem der höchsten Richter des Landes, bewegt sie sich auf gesellschaftlichem und diplomatischem Parkett und ist Zeugin vieler historischer Begebenheiten. Ich gehe davon aus, dass das Leben der Lady Scarman so viele Geheimnisse birgt, wie die Geschichte der ursprünglichen Moschus-Rose (*R. moschata*), von der 'The Lady Scarman' abstammt.

Auch hinter der Damascena-Rose 'Omar Khayyam' verbergen sich außergewöhnliche Menschen und eine romantische Geschichte. Omar Khayyam lebte um 1050 in Persien und war ein angesehener Poet und Gelehrter. Sein Wissen umfasste die Philosophie, Mathematik, Geschichte, Medizin und Astronomie, wofür er schon zu Lebzeiten ein berühmter Mann war. Erst der englische Dichter Edward FitzGerald (1809–1883) entdeckte Khayyam für Europa und machte sich an die Übersetzung und Bearbeitung seines poetischen Werks. In seinem letzten Willen hatte Kayyham verfügt, der Nordwind möge Rosenblätter über seinem Grab verwehen. Offenbar hatte man seinem Wunsch genüge getan, denn als FitzGerald nach beschwerlicher Reise das Grab des Omar Khayyam fand, war dies von Rosen umgeben. FitzGerald sammelte deren Samen und als er selbst Jahre später verstarb, war es sein letzter Wille, dass

Kuriose und rosenunwürdige Rosennamen

- Lettuce-leaved Rose („Salatblättrige Rose", Centifolie, 16. Jahrh.)
- Eclair (eigentlich eine Backware; Remontantrose, 1833)
- Voodoo (Teehybride, 1986)
- Alpha (Teehybride, 1975)
- Blabee (Miniaturrose, 1983)
- Buffalo Bill
- Popcorn (Miniaturrose, 1982)
- Intersmart oder Smarty (1979)
- Interview (Teehybride, 1968)
- Lady X (Teehybride, 1965)
- Electron (Teehybride, 1970)
- Moonraker (Floribundarose, 1968)
- Earthquake (Erdbeben, Miniaturrose, 1983)
- Playboy (Floribundarose, 1976)
- Sexy Rexy (Floribundarose, 1984)
- Travesti (Floribundarose, 1965)
- Whyski (Teehybride, 1967)
- Disco Dancer (Floribundarose, 1984)
- Atombombe (Kordes)

> **Meine Rose heißt wie ich**
>
> Auch heute ist es noch möglich und durchaus üblich, eine neu gezüchtete Rose, die noch nicht bekannt und erhältlich ist, für einen geliebten Menschen, eine Firma oder zu bestimmten anderen Anlässen von Züchtern zu kaufen. Je nach Rosenklasse und Züchter liegen die Preise hierfür in der Regel zwischen zehntausend und sechzigtausend Mark.

diese Samen auf seinem Grab ausgebracht würden. Die Rose, die aus diesen Samen hervorging, wurde von FitzGeralds Nachfahren 'Omar Khayyam' getauft.

In der Geschichte der Rose ist es allerdings auch häufig vorgekommen, dass ein und dieselbe Rose mit unterschiedlichen Namen in verschiedenen Ländern eingeführt wurde. Die Geschichte der Rose 'Peace' (Frieden) zeigt dies besonders anschaulich:
1939, kurz bevor der 2. Weltkrieg ausbricht, schick die französische Züchterfamilie Meilland ihre neueste Züchtung nach Italien, Deutschland und Amerika. In Deutschland nennt man die neue Rose 'Gloria Dei' und Italien antwortete mit 'Gioia!' (Freude!). Beide Namen klingen heute in Anbetracht der damaligen politischen Umstände merkwürdig, waren aber wohl gut und hoffnungsvoll gemeint.

In Amerika musste man das Kriegsende abwarten, bevor man diese wunderbare französische Rose taufen und verkaufen konnte. Den Amerikanern gelang es nämlich erst nach 1945, zu den Meillands durchzukommen, um die Zustimmung zur Namensgebung und damit Markteinführung zu bekommen. Die neue Rose sollte nach gerade gewonnenem Krieg 'Victory' (Sieg) heißen. Meilland lehnte dies ab und bestand auf dem Namen 'Peace' (Frieden), der ihm viel passender und zukunftsweisender erschien. 'Peace' wurde während der nächsten zehn Jahre nach Kriegsende wahrscheinlich über 30 Millionen Mal verkauft, was sicherlich nicht nur ihrer Schönheit, sondern auch ihrem Namen zu verdanken war.

Aber auch das gab es: Vor einigen Jahren führte der englische Züchter Gandy eine neue Rosen namens 'Fergie' ein. Er behauptete, diese Rose nach seinem Traktor, einem Masey Ferguson (englische Traktorenmarke) benannt zu haben, und dass sie keinesfalls etwas mit der zufälligerweise zum selben Zeitpunkt stattfindenden Hochzeit von Prince Andrew und Sarah Ferguson zu tun habe. Als die Ehe einige Jahre später gründlich in die Brüche ging, wollte auch Herr Gandy seine Rose umbenennen, was ihm von den zuständigen Behörden aus patentrechtlichen Gründen allerdings untersagt wurde. Es sei ihm zu wünschen, dass viele Traktorenfans auch Rosen lieben.
Wie dem auch sei – „A rose by any other name would smell just as sweet".

Die Welt DER ROSEN

Die Seele der Rose

„Welch unterschiedlicher Meinungen wir auch immer über Rosen sein mögen, und egal ob unser persönlicher Geschmack den modernen Teehybriden, den Ramblern oder den alten Strauchrosen zugeneigt ist, es gibt einen Punkt, in dem wir alle übereinstimmen: Der größte Vorteil der Rose ist es, zu riechen wie eine Rose". So Vita Sackville-West, eine der großen und verehrungswürdigen Gartendamen des 20. Jahrhunderts in ihrem „Garden Book". Rosenduft ist der Inbegriff von Romantik und eine Rose ohne Duft ist einfach nicht vollkommen. Stellen Sie sich vor, Sie gehen durch einen wunderschönen Garten und riechen nichts. Die schönsten Farbkompositionen, die üppigste Blütenpracht und die gelungenste Gestaltung ist leblos ohne die begleitenden Düfte. Denn es ist der Hauch des Dufts, der den Garten zum Leben erweckt und unsere Sinne verzaubert.

Leider haben viele der modernen Rosen die Fähigkeit zu duften verloren. Zenta Maurina sagt dazu: „Die überkultivierten Rosen verlieren ihren Duft, die überzivilisierten Menschen ihre Seele." Bei Schnittrosen ist dies sogar beabsichtigt. Sie werden heute überall auf er Welt angebaut und müssen lange Flugreisen und Transportwege überstehen, bevor sie in den Blumenläden landen. Da der Duft sozusagen der Schlüsselreiz für das Öffnen der Blüte ist und geöffnete Blüten bald welken, hat man den Duft weggezüchtet, um die Rose so lange wie möglich im geschlossenen Knospenstadium zu halten. Gerade aber die alten Rosensorten wie Damascena-Rosen und Centifolien hüllen uns in einen Rausch von Duft und eine betagte, offenbar erfahrene Dame sagte einmal zu John Scarman: „The perfume goes straight to the sex centre of the brain." („Dieser Duft geht auf direktem Weg ins Sexzentrum des Gehirns"). Nun gut, diesbezüglich kann man geteilter Meinung sein – fest steht jedoch, dass der Duft dieser Pflanzen eine sehr sinnliche, schwere Note hat und die Bedeutung der Rose in der Erotik von jeher entsprechend unterstrich.

Die Damascena-Rose 'Ispahan' ist ein Muss in Ihrem Garten, wenn Sie exquisiten Duft genießen möchten.

DIE SEELE DER ROSE

Aber es sind nicht nur die Rosenblüten, die betörenden Duft verströmen. Auch Laub, Triebe und Knospen können ungemein gut und interessant riechen. Es gibt Wildrosen, die man sogar wegen ihrer nach Äpfeln oder Weihrauch duftenden Blätter anbaut, nicht wegen ihrer Blüte.

DUFTNOTEN

Duft lässt sich schwer beschreiben und es gibt viele verschiedene Duftnoten bei Rosen (s. Tabelle Seite 20): Teerosen duften – wie der Name nahelegt – nach frisch geerntetem Tee. Einen angenehmen, exotischen Myrrheduft finden wir bei der Alba-Rose 'Belle Amour' oder der Kletterrose 'Constance Spry'; Moosrosen haben häufig einen intensiven balsamischen Duft, vor allem ausgehend von ihren mit weichen Borsten besetzten Trieben und Knospen. Die Moschus-Rose wurde wegen ihres prickelnden und würzigen Dufts schon im 10. Jahrhundert in Persien angebaut und manche Wildrosen wie 'Lord Penzance' oder 'Mannings Blush' haben diesen köstlich frischen Apfelduft, der von ihrem Laub verstromt wird. Ähnliches finden wir bei *Rosa primula*, deren Blätter allerdings nicht nach Apfel, sondern nach Weihrauch riechen. Moschata-Hybriden blühen den ganzen Sommer und bestechen durch üppig blühende und verschwenderisch duftende Blütenbüschel. Centifolien zeigen dicht gefüllte, meist intensiv duftende Blüten, die zur Herstellung des Rosenabsolue verwendet werden, das die Basis vieler Parfums ist. Und die besonders stark duftenden Damascena-Rosen waren schon bei den alten Griechen und Römern beliebt und bis heute sind sie die wichtigste Grundlage zur Herstellung reinsten Rosenwassers. Viele der modernen Englischen Rosen und Teehybriden sind ebenfalls mit gutem Duft gesegnet. Es wäre ungerecht, zu behaupten, dass moderne Rosen nicht duften. Vor allem in der ersten Hälfte des letzten Jahrhunderts haben sich Züchter allerdings dem Rausch der grellen Farben und übergroßen Blüten hingegeben und wenig Wert auf die Eigenschaft des Duftens gelegt. Es dauerte aber nicht lang, da fühlten sich Rosenfreunde einer der schönsten Sinneswahrnehmungen beraubt und der Ruf nach Duft wurde laut. Gerade in den letzten zwanzig Jahren züchtet man als Antwort darauf wieder mehr duftende Sorten. Denn: „Schönheit ohne Anmut gleicht einer Rose ohne Duft", sagt auch ein altes Sprichwort aus Jamaika.

Wenn man Moschus-Rosen am Morgen schneidet und in eine Vase stellt, öffnen sich die Blüten bis zum Abend und erfüllen den Raum mit ihrem Duft.

Den besten und stärksten Duft verströmen Rosen an einem sonnigen Vormittag mit hoher Luftfeuchtigkeit und wenig Wind. Gegen Nachmittag wird das Parfum schwächer und wenn die Sonne untergegangen ist und auch die Bienen schlafen gehen verflüchtigt es sich ganz. Ja, die Bienen sind es, die an Sommervormittagen ganz besonders rege sind und emsig Pollenstaub von Pflanze zu Pflanze tragen. Um nicht leer auszugehen, duften die Rosen um diese Zeit ganz besonders betörend. Am Nachmittag, wenn selbst die Bienen in der Sommerhitze

Die Welt DER ROSEN

träger werden, da duften nur die Moschus-Rosen und einige Moschata Hybriden unbeirrbar weiter. 'Lord Penzance' und die anderen Rosen mit duftendem Laub begleiten uns durch den Abend und die Nacht und verströmen – besonders nach einem leichten Regenschauer – Wogen von Apfel- und Weihraucharoma. Duft ist ein ganz wichtiges Gestaltungselement. Ein schlichter Rosenbogen im Eingangsbereich mit einer wunderbar duftenden Rambler- oder Kletterrose macht Eindruck auf jeden Besucher. An Sitzplätzen ist Duft besonders wichtig, wie zum Beispiel auf Terrassen und Balkonen. Hier kann man Gruppen duftender Rosen in Beete pflanzen oder auch in große Kübel setzen.

Besonders gut duftende Rosen

Rambler
- New Dawn (weiß-zartrosa, 6 Meter)
- Paul's Himalayan Musk (zartrosa, 9 Meter)
- Rambling Rector (weiß, 9 Meter)
- Scarman's Himalayan Musk (zartrosa, bis 8 Meter)

Kletterrosen
- Blush Noisette (zartrosa, 4 Meter)
- Céline Forestier (gelb, 4 Meter)
- Giunée (rot, 4 Meter)
- Gloire de Dijon (champagnergelb-rosé, 4 Meter)
- Lady Hillingdon (gelb, 4,5 Meter)
- Mme Alfred Carriére (weiß, 6 Meter)
- Sombreuil (créme-weiß, 4 Meter)
- Zéphirine Drouhin (rosa, 4 Meter)

kleinere und öfter blühende Strauchrosen bis ca. 1 Meter
- Alfred de Dalmas (Portland, zartrosa)
- Comte de Chambord (Portland, rosa)
- Empereur du Maroc (Remontant, rot)
- Gruss an Aachen (Remontant, zartrosa)
- Rose de Rescht (Damascena, violett)

Strauchrosen ab 1,20 Meter und höher, öfter blühend
- Blush Noisette (Noisette, zartrosa)
- Buff Beauty (Moschata-Hybride, gelb)
- Cornelia (Moschata-Hybride, pink)
- Felicia (Moschata-Hybride, rosa)
- Jacques Cartier (Portland, rosa)
- Louise Odier (Bourbon, rosa)
- La Reine Victoria (Bourbon, rosa)
- Mme Isaac Pereire (Bourbon, pink)
- Moonlight (Moschata-Hybride, weiß)
- Penelope (Moschata-Hybride, weiß-rosa)
- Roseraie de l'Hay (Rugosa, weinrot-purpur)
- Souvenir du Docteur Jamain (Remontant, purpurviolett)

Strauchrosen ab 1,20 Meter und höher, einmal blühend
- Blanchfleur (Centifolie, weiß)
- Ispahan (Damascena, rosa)
- Königin von Dänemark (Alba, rosa)
- Mme Hardy (Damascena, weiß)
- Rosa damascena bifera (Damascena, rosa)

DIE SEELE DER ROSE

SANFT WIE EINE BLÜTE

Auch die Beschaffenheit der Rosenblüten, das Gefühl, wenn man sie sanft berührt, ist interessant. Und hier sind es auch wieder die alten Sorten, die besonders weich, samtig und einladend sind. Während ich schreibe, liegen vor mir zwei Blüten und meine Finger gleiten von der Tastatur des Computers immer wieder über die Blütenblätter der Moschata-Hybride 'The Lady Scarman' und einer modernen Floribundarose. Beide fühlen sich samtweich an, und doch ist da ein Unterschied. Irgendwie scheint die Alte Rose die Berührung zu erwidern, während die moderne sie sich gefallen lässt. Es ist das feinere Blütenblatt, ich schätze es ist höchstens halb so dick wie das der modernen, das diesen Hauch von Zartheit, Zauber und Wohlempfinden vermittelt. Das kräftigere Blütenblatt und sein höherer Wachsgehalt ist das Erbe der China-Rosen, die an der Entstehung der modernen Rosen stark beteiligt waren.

Für die Zubereitung von Speisen mit Rosenblättern sollte man deshalb auch Blütenblätter alter Rosensorten verwenden. Die modernen Rosen tragen außerdem durch Zuchtungsprozesse ein Gen in sich, das *Rosa x odorata*-Gen, das dem Blatt eine bittere Note verleiht.

FARBENSPIEL

Bis 1900, als sich der französische Züchter Monsieur Pernet-Ducher in den Kopf setzte, eine leuchtend gelbe Rose auf den Markt zu bringen, kannte man bei Rosen lediglich Weiß, Rosa, Pink, Dunkelrot, Mauve und sehr zartes Gelb. Ihm gelang es

Alte Rosen haben ein feines, zartes Blütenblatt, das mit dem Licht spielt und bezaubernde Schattierungen zeigt.

durch Kreuzungen mit der tief gelben *Rosa foetida persiana*, die in den Wüsten Persiens heimisch war und wegen ihres unangenehmen Dufts bislang kein Interesse erntete (s. Seite 13), knallgelbe und orangefarbene Rosen zu züchten.

Ein unangenehmer Nebeneffekt dieses Zuchterfolgs ist übrigens der Sternrußtau, den die 'Persische Gelbe' mit ihrem Erbgut forciert. Ursprünglich in der Wüste angesiedelt, entwickelt sie natürlich keinerlei Abwehrmechanismen gegen diese europäische Pilzkrankheit und musste diese Schwäche weitervererben.

Die Mysterien der Rose – von Vampiren, Hexen und Heiligen

Die Jahrtausende alte Rose ist offenbar zeitlos, und nicht nur Königin der Blumen ist sie, auch Königin der Symbole. Sie steht sowohl für himmlische Vollkommenheit als auch irdische Leidenschaft. Die Blume ist beides: Zeit und Ewigkeit, Leben und Tod, Fruchtbarkeit und Jungfräulichkeit. Zwischen all diesen Gegensätzen liegen die Mysterien der Rose und der Reiz für Forscher. So haben Wissenschaftler zurückverfolgt, welche Entwicklungen die Rose über viele Jahrtausende genommen hat. Doch all die entschlüsselten Inschriften, Dokumente und Legenden aus vielen Epochen vermochten den Mythos Rose nicht zu entzaubern, sondern haben ihn gefestigt.

Nachdem Sultan Saladin 1187 die Kreuzritter besiegt hatte, orderte er 500 Kamele mit Rosenwasser, um die Moscheen Jerusalems reinwaschen zu lassen.

Von einem Rosenwunder erzählt eine Legende des Mittelalters: Landgräfin Elisabeth von Thüringen und Hessen (1207–1231) war eine mildtätige Frau, der das Wohl der Armen und Kranken sehr am Herzen lag. Wegen ihrer Wohltaten wurde sie nur vier Jahre nach ihrem frühen Tod von der Kirche heilig gesprochen. Es gibt verschiedenste Darstellungen des Rosenwunders, aber am häufigsten hört man diese Geschichte: Der Gemahl Elisabeths, Landgraf Ludwig, erfreute sich wenig an Elisabeths wohltätigem Wirken und soll ihr aus mancherlei Sorge heraus verboten haben, Nahrungsmittel zu den Armen zu bringen. Unverhofft früh heimgekehrt, traf er einst Elisabeth auf dem Wege und fragte sie, was sie hinweg trage. Sie verbarg Brot in einem Korb unter ihrem Mantel. Als der argwöhnische Gemahl befahl, den Mantel zurückzuschlagen, leuchteten ihm Rosen entgegen! Auch andersartige Überlieferungen aus dem Mittelalter kreisen um die Rose: Zu jener Zeit kannten die Menschen lediglich Rosen, die einmal im Jahr zwischen Mai und Juni blühten. Sehr selten und nur unter besonders guten Bedingungen konnte es passieren, dass eine Rose im Herbst noch einmal nachblühte. Wenn es sich dabei um eine weiße Rose handelte, ließ das den Gartenbesitzer nicht in Verzückung geraten, sondern in Horror erstarren. Denn – ganz klar – eine Hexe hatte ihn mit einem schrecklichen Spuk belegt. Es wurde auch geglaubt, dass ein Werwolf, der sich am Dorn einer Rose verletzt, in seine ursprüngliche Form zurück verwandelt würde; ein Vampir mit demselben Malheur würde verbluten.

Aus dem England der Tudorzeit wird überliefert, dass eine weiße Kletterrose über der Eingangstür Poltergeister und andere ungebetene Gäste abhält. Stirbt diese Rose, steht Unheil ins Haus, und es muss schnell für Ersatz gesorgt werden.

MODERNE MYSTERIEN

Auch wenn wir in unserer aufgeklärten Welt nicht an wundersame Verwandlungen, Hexen und Vampire glauben, werden der Rose noch immer myste-

Special

riöse Kräfte nachgesagt, die alte Bräuche fortleben lassen. So werden beispielsweise Antiquitäten oder andere Gegenstände, die den Besitzer wechseln, mit reinem Rosenwasser abgerieben, um sie von Bösem reinzuwaschen. Dies geht auf einen Jahrhunderte alten Brauch des Islam zurück. Auch die faszinierenden und geheimnisvollen Heilfähigkeiten der Rose haben die Zeiten überdauert und sind heute aktueller denn je.

Eines der letzten Geheimnisse der Rose wird bald geknackt sein: Die blaue Rose steht in der Symbolsprache für das Unerreichbare, das Unmögliche. Die moderne Genforschung wird blaue Rosen jedoch bald möglich machen und es heißt, in Japan werden bereits Glühwürmchen in die Forschung mit einbezogen, um Rosen bei Dunkelheit leuchten zu lassen. Science-Fiction oder Realität? Wir werden sehen ...

'Rosa Mundi', auch 'Rosa gallica versicolor' genannt, wurde vermutlich schon im 16. Jahrhundert entdeckt und ist eine direkte Verwandte der Apothekerrose (R. gallica var. officinalis).

DER ROSEN

Gute Rosen für schöne Gärten

„Ein guter Start ist für Pflanzen ebenso entscheidend wie für Kinder", sagt Vita Sackville-West in ihrem Buch „Aus meinem Garten", was unserer Ansicht nach voll und ganz zutrifft und eines der Geheimnisse für das erfolgreiche Gärtnern mit Rosen ist. Und dabei geht es nicht nur um das korrekte Einpflanzen im Garten (s. Seite 40), sondern auch um die „Kinderstube" dieser Rosen. Haben Sie sich schon einmal Gedanken gemacht, woher eine Rose kommt, und was sie vielleicht aus dem Nähkästchen zu plaudern hätte, könnte sie's?

So oder ähnlich dürfte das klingen: „Als kleines Auge wurde ich in eine fremde Wurzel eingesetzt und verbrachte meine Kindheit auf einem großen Feld mit vielen meiner Schwestern. Im Herbst des folgenden Jahres waren wir flügge. So wurden wir aus der Erde gehoben, gebündelt und auf die Reise geschickt. Manche hatten das Glück, im wohligen Erdeinschlag einer altmodischen Baumschule zu überwintern, mit frischer Erde um ihre Wurzeln und in die natürlichen Bedingungen des winterlichen Wetters gehüllt. Einige von uns landeten jedoch in Kühlhäusern, wo sie den Winter in Enge und weit weg von Erde und Tageslicht überdauerten. Wer Glück hatte, wurde bald herausgeholt und von einem Gartenfreund liebevoll in seinen Garten mitgenommen. Andere mussten unangenehme Prozeduren über sich ergehen lassen, um haltbar gemacht zu werden. Ihre Triebe und Wurzeln wurden mit Wachs verschlossen und danach hatten sie weder Hunger noch Durst und sahen bald recht traurig aus."

Es liegt uns fern, die Methoden des modernen Baumschulwesens prinzipiell zu verurteilen, denn es gibt Rosenbaumschulen, die sehr professionell mit diesen Mitteln arbeiten. Dennoch sind wir überzeugt, dass natürlich gezogene Rosen eine längere Lebenszeit haben und später weniger anfällig für Krankheiten sind. Und wer möchte nicht einen Garten voller gesunder Rosen haben, an denen man sich über viele Jahre erfreut? Wir halten uns lieber an die altmodischen Methoden und finden es wichtig, Rosenliebhabern starke und gesunde Pflanzen für ihre Gärten anzubieten.

Bei der Planung eines Gartens, Beets oder bei der Gestaltung eines Balkons mit Rosen kommt es darauf an, wie viel Platz man zur Verfügung hat, welche Voraussetzungen die Standorte bieten und wie viel Zeit man selbst für die Pflege aufbringen kann und möchte. In der Regel sind Rosen nicht besonders anspruchsvoll. Sie sind sehr tolerante und autarke Pflanzen, denn durch ihre Fähigkeit, Wurzeln weit in die Tiefe zu schicken, holen sie sich dort unten, was sie an Wasser und Nährstoffen benötigen (s. Seite 40).

DER RICHTIGE PLATZ FÜR DIE ROSE

Dass Rosen besonders viel und ständig Sonne brauchen, trifft nach unserer Erfahrung nicht zu, denn die meisten Sorten bevorzugen einen teilweise beschatteten und luftigen Platz. Es gibt sogar Rosen, die einen gänzlich schattigen Standort nicht ablehnen oder besonders gut für diese Plätze geeignet sind. Hierzu gehören z. B. Alba-Rosen wie 'Königin von Dänemark' und 'Félicité Parmentier' oder die Kletterrosen 'Zéphirine Drouhin' und 'Souvenir du Mme Léonie Viennot'. Ganz wichtig ist, dass man sich mögliche Standorte im Garten gut ansieht und die Rosen den vorhandenen Plätzen entsprechend aussucht. Setzen Sie dunkle Rosen nicht in die volle Sonne, weil ihre Blüten dort schnell braun und hässlich werden. Und setzen Sie einen besonders starkwüchsigen und eigenwilligen Rambler wie 'Kiftsgate' nicht an einen Durchgangsbogen, wo er zur großen Freude von Kindern (und manch Erwachsener) Hüte oder gar Perücken Ihrer Besucher stiehlt und einfach nicht zu bändigen ist.

ROMANTIK BRAUCHT PLATZ

Wenn man ein Rosenbeet anlegt, sind die Pflanzabstände besonders wichtig. Verschiedene Rosensorten erreichen unterschiedliche Höhen und Umfänge. Zu dicht gepflanzt, können sich die Rosen später gegenseitig behindern. Damit ist allerdings nicht gemeint, dass Rosen in ordentlichen Reihen wie kleine, auf den Blühbefehl wartende Soldaten im Beet stehen müssen. Viel mehr sollte man sich trauen, zwanglos und informell beim Pflanzen ans Werk zu gehen, andere Stauden ins Beet einzuladen und den Pflanzen zu gestatten, ihre Nachbarn sanft zu berühren, ohne sie gleich zu übermannen. Vor allem Romantik braucht Platz, und wer sich in die alten Schönheiten verliebt hat, wird schnell feststellen, dass sie meist üppig und buschig wachsen

Kletterrosen und Rambler machen sich sehr gut an Rosenbögen und verleihen dem Garten romantisches Flair.

möchten, ohne dabei unkontrollierbar oder unordentlich zu sein. Bei der Planung kann man entsprechende Größenangaben der einzelnen Sorten in guten Rosenbüchern und Katalogen finden oder bei Rosenbaumschulen und Gärtnereien erfragen (Adressen Seite 78).

In unserem Garten unterpflanzen wir Rosen mit Stauden und Kräutern, was einerseits eine Frage des persönlichen Geschmacks ist, andererseits jedoch Duft und Farbspiel verstärkt oder ergänzt und für alle Beteiligten gesünder ist: Der Boden wird nicht einseitig ausgelaugt und wir müssen nicht so viel jäten …

Die Welt DER ROSEN

KLETTERKÜNSTLER

Kletterrosen machen sich besonders gut an Bögen, Lauben und Pergolen. Wir pflanzen jeweils paarweise, das heißt an beide Seiten eines Bogens dieselbe Sorte. Bei der Auswahl der Rosen für solch exponierte Plätze sollte man darauf achten, dass sie einen guten Duft haben und den ganzen Sommer blühen. Zu unseren Lieblingsrosen an solch einer Stelle gehören deshalb die zartgelbe 'Céline Forestier', die intensiv rosafarbene 'Madame Isaac Pereire' und die creme-weiße 'Sombreuil'. Bei Bögen sollte man auch darauf achten, dass sie breit genug sind, um zwei Menschen bequem nebeneinander hindurchschlendern zu lassen. Beim Material sollte man nicht am falschen Ende sparen, denn nichts ist trauriger, als ein Rankgerüst unter einer wunderbar etablierten, mit einiger Mühe über Jahre emporgezogenen Rose zusammenbrechen zu sehen! Dann fängt man mit dem Aufbinden der Rose wieder von vorne an und aus Schaden klug geworden investiert man spätestens dieses Mal in ein stabiles Gerüst.

Auch an Hauswänden sind Rosen besonders attraktiv, wenn sie entsprechend gut gezogen sind und farblich zum Haus passen. Für weiße Hauswände empfehlen wir gelbe Kletterrosen wie 'Lady Hillingdon', 'Golden Wings' und 'Céline Forestier' oder die rosafarbenen Kletterrosen 'Madame Caroline Testout' und 'Madame Grégoire Staechelin'.

Strauchrosen können an einer Wand, einer Säule oder einem Bogen gut drei Meter und höher werden. Sie wachsen langsamer, aber häufig dichter als Kletterrosen.

Die dunkelrote 'Guinée' wird dafür an einer grauen Wand für Aufsehen sorgen. An einer Ziegelsteinmauer sieht 'Gloire de Dijon' famos aus mit ihrem warmen Champagnergelb und leichten Anflügen von Rosé. Weiße Kletterrosen wie 'Madame Alfred Carrière' sind ein Blickfang an gelben Hauswänden, können aber auch an weiße Wände gesetzt werden, da ihr starkes Laub für den nötigen Kontrast sorgt.

Achtung: Kletterrosen haben einen starken Willen und der führt sie auf schnellstem Weg in die Höhe. Dies nicht nur zu unserer Freude, denn wer will schon in ehrfürchtiger Genickstarre verharren, um Blüten weit oben an der Dachrinne zu bewundern? Deshalb ist es wichtig, der jungen Pflanze zu zeigen, wo es lang geht, ihr Rankhilfen zu geben, sie anzubinden und vom Boden an aufzubauen. So kann man später die Blüten über die ganze Fläche der Wand genießen.

Hauswände sind meist schwierige Pflanzplätze, denn Drainagen sorgen für schnellen Wasserabfluss und Dachvorsprünge halten das Regenwasser ab. John Scarman hat eine Methode entwickelt, um dem entgegenzuwirken und die Rosen optimal mit Wasser und Nährstoffen zu versorgen. Wir nehmen ein Plastikrohr aus dem Baumarkt, ca. 5 cm Durchmesser und 50 cm lang, setzen dieses Rohr beim Pflanzen ein und zwar von der Wurzel schräg nach oben verlaufend. So können wir gezielt wässern und düngen, und alles Gute, was wir der Rose damit tun, kommt direkt bei ihr an.

Ramblerrosen sind häufig noch wuchsstärker als

LEBENSRAUM GARTEN

Kletterrosen und die meisten zeigen viele kleine Blüten in großen Büscheln. Spektakulär sieht es aus, wenn sie an Bäumen empor ranken. Ganz oben angelangt lassen sie sich in wildromantischen Kaskaden wieder hinabfallen. Alte oder tote Bäume können für einige Jahre als Rankgerüst dienen und so zu neuem Schmuck kommen. Auch Koniferen bekommen durch einen Rambler etwas „Pep" im Immergrün. Bäume werden von rankenden Rosen nicht gestört. Im Gegenteil, das ist ein ganz natürliches Zusammenspiel, über Jahrtausende erprobt und der Grund, warum sich Rosen Dornen zugelegt haben: zum Festhalten und Klettern.

Die meisten Rambler sind sehr wuchsfreudig und sollten ihrem Standort entsprechend ausgesucht werden. Sie können gut bis zu zehn Meter hoch werden, was für große, alte Bäume geeignet ist, für hohe Mauern (auch Hauswände, wenn man es wildromantisch mag), Garagenwände und -dächer oder Carports. Geeignet sind hier 'Rambling Rector' oder 'Scarman's Himalayan Musk' – beide mit sehr gutem Duft.

Für kleinere Bäume, Bögen, einen Pavillon oder zum Aufhellen einer langweiligen Hecke oder Mauer kann man weniger starke Ramblerrosen wählen, die nur bis zu drei Meter hoch werden. Hier kommen die in Korallenrosa leuchtende 'Brewood Belle', die zartosafarbene 'Mrs. Billy Crick', die fröhlich bunte 'Phyllis Bide' oder die gute alte 'New Dawn' in Frage, die uns den ganzen

Klettern, wo es beliebt	
Kletterrosen für Bögen und Lauben	**Rambler Rosen mit besonders gutem Duft**
Céline Forestier (gelb)	Goldfinch (gelb)
Gloire de Dijon (champagnergelb-rosé)	Léontine Gervais (rosa)
Guinée (rot)	Paul's Himalayan Musk (zart-rosé)
Madame Isaac Pereire (pink)	Rambling Rector (weiß)
Sombreuil (créme-weiß)	The Lady Scarman (créme-weiß)
Kletterrosen mit besonders gutem Duft	**Rambler Rosen, die gut in Bäume ranken**
Lady Hillingdon (gelb)	Bobby James (weiß)
Madame Alfred Carrière (weiß)	Paul's Himalayan Musk (zart-rosé)
Madame Caroline Testout (rosa)	Rambling Rector (weiß)
Sombreuil (créme-weiß)	Rosa filipes Kiftsgate (weiß)
Zéphirine Drouhin (rosa)	Scarman's Himalayan Musk (zart-rosé)

Die Welt DER ROSEN

Sommer über erfreuen. Einmal etabliert machen die Rambler – zumindest in Bäumen – kaum Arbeit. Man bindet sie während der Wachstumsphase lediglich mit einer dehnbaren (!) Hanfschnur um den Baumstamm, bis sie hoch genug sind und in den Ästen selbst Halt finden. Schneiden muss man sie kaum und viele von ihnen bilden hübsche Hagebutten im Herbst.

Immer ein guter Blickfang auch in kleinen Gärten und selbst für Topfbepflanzungen auf Terrasse und Balkon: klassische Obelisken mit Rosen.

Zum Schluss ein Tipp von John Scarman: Wenn Sie Rosen unter Bäume pflanzen oder an etablierte Hecken, bedenken Sie welch starkes, gieriges Wurzelsystem da schon besteht und wie wenig Chance die junge Rose hat, sich ausreichend selbst zu versorgen. Wir heben das Pflanzloch aus und versehen es mit einem alten Plastikeimer, aus dem wir den Boden herausgeschnitten haben. Diesen bodenlosen Eimer setzen wir ins Pflanzloch, füllen ihn mit einer guten Erdmischung, etwas abgelagertem Kompost und einigen Prisen organischem Dünger und pflanzen die Rose dann wie gewohnt. Wir können sie nun wässern und düngen, ohne dass die Konkurrenz sich das beste gleich wegschnappt und die Rose leer ausgeht. Für die ersten zwei Jahre, bis sie ihre Wurzeln weit in die Tiefe gestreckt hat, ist sie so gut versorgt und wird in erstaunlichem Tempo den Baum erklimmen.

Tempo ist übrigens ein gutes Stichwort im Zusammenhang mit Rosen und besonders interessant in unseren schnelllebigen Zeiten. Rosen gehören zu den Gartenpflanzen, die sich besonders für flotte Effekte im Garten oder, moderner ausgedrückt, „instant gardening" eignen. Sie wachsen schnell, blühen meistens in ihrem ersten Jahr schon üppig und selbst Kletterrosen an Wänden oder Rambler in Bäumen machen nach zwei bis drei Jahren den Eindruck, als wären sie schon immer hier gewesen.

EIN KLEINES STÜCK VOM PARADIES

Jegliche Form von Dekoration ist im Garten erlaubt, hier kommt es lediglich auf den persönlichen Geschmack und die grundsätzliche Struktur des Gartens an. Ein wildromantischer, d. h. nicht formal angelegter Garten, erlaubt verspielte und fantasievolle Elemente. Besonders gut eignen sich ausgediente Holzfässer, alte Zinkwannen oder -eimer und selbst ausrangierte Jollen können je nach Größe des Gartens als außergewöhnliche Pflanzgefäße dienen. Auch Statuen, Windspiele und Rosenkugeln regen die Fantasie des Betrachters an und unterstreichen die Romantik des Gartens. Denn viele liebevolle Details, die wie zufällig und deshalb natürlich erscheinen, ergeben ein Ganzes im Spiel mit Blüten, Schmetterlingen und all den anderen Bewohnern des Gartens.

Strauchrosen für Säulen und Obelisken (bis 2,5 Meter) mit gutem Duft

Bourbon Rosen wie:
Boule de Neige (weiß), Louise Odier (rosa), Madame Isaac Pereire (pink), Madame Pierre Oger (zart-rosé), La Reine Victoria (rosa), Souvenir de la Malmaison (zartrosa), Variegate di Bologna (rosa-weiß getreift)

Remontant-Rosen wie:
Baron Girod de l'Ain (dunkelrot mit weißem Rand), Ferdinand Pichard (pink-weiß gestreift), Reine des Violettes (purpur-violett) Souvenir du Docteur Jamain (purpur-violett)

Eine Rosenlaube ist ein wunderbarer Platz, um ganz für sich oder gemeinsam Gedanken schweifen zu lassen. Selbst wenn es einmal traurige sind, gibt es kaum tröstlichere Zeugen als Rosen. Da sitzt man nun nach einem anstrengenden Tag und steht noch unter Strom, sieht hier eine welke Blüte und da einen jungen, frechen Trieb – schon beginnt man zu zupfen, einzuflechten und ein bisschen Ordnung zu schaffen, und fast unmerklich sind Anspannung und Druck auf und davon. Rosenbögen oder ein Pavillon eignen sich sowohl für wildere, wie auch formale Gärten. Der Charakter wird weniger von der baulichen Struktur gegeben als durch die Bepflanzung. Bei Bögen erreicht man den wildromantischen Charakter eher durch Rambler (kleinwüchsige Rambler verwenden!) als durch Kletterrosen. Für eine klassische, formale Struktur würden wir eine ordentliche und aufrechter wachsende Kletterrose wählen, deren Wuchshöhe mit einem Meter über dem höchsten Punkt des Bogens angegeben ist. Einen Rambler kann man hier mit Geißblatt kombinieren, was für zusätzlichen Duft am Abend sorgt. Zur Kletterrose würden wir eine ergänzende *Clematis* wählen (s. Seite 38).

Mit einem Pavillon verhält es sich etwas anders. Meistens ist er höher als ein Bogen, so dass man nicht auf Rambler verzichten kann, um ihn dicht bewachsen zu lassen. Für eine weiße Bepflanzung

Die Wiege der Gartenkultur stand im frühen Persien und das Wort für Garten bedeutete gleichzeitig Paradies – ein Platz, um die Seele zu beruhigen und eins mit der Welt zu werden.

Die Welt DER ROSEN

kombinieren wir 'Rambling Rector' mit 'The Lady Scarman', die gemeinsam an alle Seiten des Pavillons gepflanzt werden. Der Rambler erledigt die „grobe" Arbeit des Dichtmachens und sorgt für eine vierwöchige Blüte im Mai oder Juni, während die 'Lady' sich in der Höhe zurückhält, dafür den ganzen Sommer über blüht und berauschenden Duft spendet. Gelbkombination: Rambler 'Albéric Barbier' mit der Kletterrose 'Céline Forestier'. Rosa-Kombination: 'Scarman's oder Paul's Himalayan Musk' mit 'Blush Noisette'.

Eine eindrucksvolle Dekorationsmöglichkeit bieten hohe Rosenstäbe (2 m), die man entlang eines Wegs oder als Trennlinie zwischen zwei Gartenteile setzt. An den Spitzen der Stäbe befestigt man dicke Kordeln, die locker von Stab zu Stab schwingen. An jeden Stab pflanzt man einen nicht zu wüchsigen Rambler, lässt ihn emporklettern und spreizt die Triebe oben nach beiden Seiten aus. Wenn Sie junge Pflanzen setzen, wird es ungefähr drei Jahren dauern, bis Stäbe und Kordeln berankt sind und eine wunderschöne Girlande bilden. Schneller geht es wenn man ältere, schon grössere Rosen dafür kauft. Hochstammrosen sind besonders edle Blickfänge im Garten. Paarweise und strenger geschnitten geben sie einen formalen Touch; hier und da einzeln gesetzt, wirken sie mit überhängenden, wippenden Trieben sehr romantisch. Dekorative Rosenstäbe runden das Bild ab.

Obelisken und Säulen geben Struktur und Höhe. Man kann mit ihnen einen starken Akzent im Beetmittelpunkt setzen. Das Angebot an verschiedenen Formen, Umfängen und Höhen ist mittlerweile breit gestreut, so dass sie ideale Dekorationsmöglichkeiten für jede Gartengröße sind. Mit kleineren Kegeln oder Pyramiden kann man auch Rosen in Kübeln dekorativ in Form bringen.

Achten Sie bei allen fest etablierten Strukturen zur Dekoration des Gartens, wie Lauben, Bögen oder Obelisken, auf gute Qualität; obwohl etwas teurer, lohnt sich diese Anschaffung auf lange Sicht. Das Gewicht einer Kletter- oder Ramblerrose wird leicht unterschätzt und es ist ein Jammer, wenn eine Struktur darunter nachgibt und man von vorne beginnen muss. Holz sollte druckimprägniert sein, Metall galvanisiert oder feuerverzinkt.

Ein Balkon lässt sich mit etwas Fantasie und Mühe zu einem wahren Paradies gestalten.

Schöne Rosen für Terrasse und Balkon

Wer keinen Garten hat, muss nicht auf Rosen verzichten. Ein Balkon tut's auch, denn viele Rosen fühlen sich in Kübeln durchaus wohl! Wichtig ist allerdings, dass der Kübel mindestens 30 cm Durchmesser hat und wenigstens 40 cm hoch ist. Da auch kleinwüchsige Rosen, die man vorzugsweise für Töpfe wählen sollte, gerne tief wurzeln und noch lieber Gesellschaft haben, gilt: je größer der Pott, desto besser. Denn Ihre Rose wird sich über einen wesentlich längeren Zeitraum in diesem Zuhause wohlfühlen.

Wenn Sie sich nun überlegen, welche Rosen Sie gerne für Ihren Balkon oder Ihre Terrasse hätten, sind sicher Duft und Farbe die entscheidenden Kriterien. Die Auswahl des Kübels hat nicht nur praktische Aspekte, sondern sollte farblich zur Rose und zu Ihren Gartenmöbeln und anderen Accessoires in der Umgebung passen. Eine gelbe Rose sieht beispielsweise immer gut in einem Terrakottagefäß aus, aber vielleicht möchten Sie einen stärkeren Kontrast schaffen und greifen deshalb zu einem dunkelblau glasierten Topf.

Aber auch die Blühzeit ist wichtig, denn gerade hier möchten Sie so lange wie möglich einen erfreulichen Blickfang genießen. Das Angebot an kleinen Strauchrosen, die den ganzen Sommer blühen und dazu auch noch besonders gut duften, ist erstaunlich groß. Trauen Sie sich also ruhig ans Topfgärtnern mit Rosen! Sie werden schnell merken, dass es sich lohnt.

Wenn Sie den Kübel nun glücklich erstanden und nach Hause transportiert haben, legen Sie zuerst fest, wo er stehen und vor allem bleiben soll. Dort wird gepflanzt, denn ist der Topf erst mal voll mit Erde, macht das Verschieben wenig Spaß! Wie immer ist es bei Pflanzgefäßen wichtig, auf das Loch im Boden zu achten, damit das Gießwasser abfließen kann. Legen Sie ein paar Tonscherben auf dieses Loch, damit die Erde nicht mit dem Wasser abfließt.

SCHMUCK UND SICHTSCHUTZ

Wenn der Balkon sehr sonnig und heiß ist, wählen Sie China-Rosen, die mit diesen Bedingungen hervorragend auskommen und den ganzen Sommer blühen. Zartrosa blüht 'Old Blush China' und die leuchtend rosarote 'Scarman's Crimson China' peppt jede müde Ecke auf. Liegt der Balkon oder die Terrasse im Halbschatten, wählen Sie kleinwüchsige Polyantha-Rosen wie 'Mevrouw Nathalie Nyples', 'Yvonne Rabier' oder 'Yvette'. Als Sichtschutz zum Nachbarn bieten sich kleinere Rambler an: die forsche 'Brewood Belle', die edle 'The Lady Scarman' oder die fröhliche 'Phyllis Bide', die alle gut in Töpfen gedeihen und an einer Kletterhilfe schön dicht und bis zu zwei Meter hoch werden können. Hat man weniger als zwei Stunden Sonne, wird es schwieriger, aber nicht unmöglich. Hier sollten Sie 'Félicité Parmentier' oder 'Little White Pet' ausprobieren.

Die Welt DER ROSEN

Rosen in Kübeln brauchen etwas mehr Pflege und Zuwendung als Gartenpflanzen, die sich mehr oder weniger selbst versorgen können (s. Seite 40). Regelmäßiges Gießen und Füttern mit einem organischen Rosendünger ist hier besonders wichtig. Zum Düngen nehmen wir ein pelletiertes Präparat aus Hühnerdung, Algen und Eisen, das sich angenehm anwenden lässt und lediglich die kleinen Arbeiter in der Erde anregt, nicht die Rose selbst. Davon werden alle vier Wochen zwei, drei Prisen um die Rose herum gestreut, und mit dem Gießwasser zersetzen sich die Körnchen langsam und geben ihre Nährstoffe dosiert ab. Genauso gut kann man Guano ins Gießwasser geben, wobei man auf die angegebenen Mischungsverhältnisse achten sollte.

Die Rose im Kübel mag Gesellschaft, was auch sinnvoll ist, weil die Erde nicht so schnell einseitig ausgelaugt wird (Begleitpflanzen s. S. 38). Trotzdem sollte man die Erde alle zwei bis drei Jahre – möglichst im Februar – komplett auswechseln und mit guter Garten- bzw. Blumenerde austauschen. Bedenken Sie dies auch bei der Auswahl des Kübels, denn die Erde lässt sich wesentlich leichter wechseln, wenn der Topf sich nicht nach oben verjüngt. Eine Rose samt Wurzelballen durch eine enge Öffnung zu bekommen hat etwas vom Kamel, das eben nicht durchs Nadelöhr passt.

Wenn man die Rose nun erfolgreich rausgenommen hat (feste Handschuhe sind hier nützlich!), klopft man den Wurzelballen vorsichtig ab, reinigt den Kübel gründlich, füllt ihn mit frischer Erde auf und gibt eine kleine Handvoll organischen Dünger dazu. Je nach Qualität der Blumenerde tun ein paar zusätzliche Nährstoffe ganz gut! Wenn die Rose in letzter Zeit etwas mickrig aussah und man sieht nun, dass der Wurzelballen sehr groß und kompakt ist, dann wünscht sie sich einen größeren Kübel. Gönnen Sie ihr den, wenn sie Ihnen weiterhin Freude machen soll!

Eine der häufigsten Fragen, die Kunden in unserer Gärtnerei stellen, betrifft die Überwinterung von Rosen in Töpfen. Generell sollte man für Topf und Garten nur Rosen kaufen, die in unseren Breiten als „winterhart" eingestuft werden. D. h., die Rose sollte einen anständigen Frost von minus 20 °C und tiefer ohne Schaden überstehen. Da Rosen in Kübeln nun nicht so tief wurzeln können wie die Gartenrosen, sind sie Winterfrösten starker ausgesetzt. Ein gewisser Winterschutz ist durchaus angebracht, was nicht bedeutet, dass man die Rose in den Keller, die Garage oder gar in die warme Stube holen sollte. Stellen Sie den Kübel lediglich so nah wie möglich an die Hauswand und packen Sie den Topf mit etwas Flies oder Zeitungspapier ein. Die Rose muss über den Winter nicht gegossen werden. Den Rosenschnitt erledigen Sie am besten im Februar oder März. Meist reicht hier ein leichter Formschnitt (siehe auch S. 41).

UNGEBETENE GÄSTE

Wenn Blattläuse auf dem Balkon bzw. der Rose zu Besuch sind, sorgt man am besten schnell dafür, dass sie sich nicht allzu heimisch fühlen. Eine klei-

ROSEN IN TÖPFEN

ne Dusche aus der Plastiksprühflasche mit Wasser und einigen Tropfen Spülmittel löst das Problem. Die Läuse bleiben so zwar an der Pflanze kleben, können aber am nächsten Tag mit klarem Wasser abgesprüht werden. Zeigt das Laub der Rose schwarze Flecken, die Blätter rollen sich nach innen oder haben einen weißlichen Schleier, dann haben Sie es mit einer typischen Rosenkrankheit oder einem Schädling zu tun. Man schneidet am besten ein paar befallene Blätter ab, verschließt sie in einem Plastikbeutel und fragt einen Fachmann/-frau nach Rat. Es gibt mittlerweile gute biologische Spritzmittel, die gerade für Balkone, wo man es nicht mit großen Flächen befallener Pflanzen zu tun hat, bestens geeignet sind.

ROSEN IM HAUS

Rosen lieben es, an der frischen Luft zu sein und gedeihen dort prächtig. Geschlossene Räume sind nichts für sie. Die moderne Rosenzüchtung hat allerdings Miniaturrosen hervorgebracht, die auch als Topfpflanzen für die Wohnung gedacht sind und sich dort eine Zeit lang halten. Für die Fensterbank oder als Geschenk sind diese Rosen durchaus attraktiv. Ganze, kleine Büsche oder auch nur einzelnen Blüten eignen sich hervorragend für Tischdekorationen oder Arrangements zu besonderen Anlässen. Leider haben die Miniaturrosen sogar unter besonders günstigen Bedingungen und selbst mit liebevoller Pflege in der Regel nur eine sehr begrenzte Lebenszeit.

Rosen in Töpfen	
Strauchrosen, die den ganzen Sommer blühen und besonders gut duften	**Strauchrosen, die den ganzen Sommer blühen und fast frei von Krankheiten sind**
Alfred de Dalmas (Portland, zartrosa)	Cécile Brunner (Polyantha, zartrosa)
Ballerina (Moschata-Hybride, rosa-weiß)	Little White Pet (Polyantha, weiß)
Buff Beauty (Moschata-Hybride, gelb)	Yvonne Rabier (Polyantha, weiß)
Comte de Chambord (Portland, rosa)	
Empereur du Maroc (Remontant, rot)	**Rambler für Kübelbepflanzung, die den ganzen Sommer blühen**
Gruß an Aachen (Remontant, zartrosa)	
Hermosa (China-Rose, rosa)	Brewood Belle (leuchtend korallenrosa)
Mevrouw Nathalie Nyples (Polyantha, rosa)	Mrs Billy Crick (zart-rosé/guter Duft)
Rose de Rescht (Portland, violett)	Phyllis Bide (orange-zartgelb-rosé-weiß)
Yvette (Polyantha, zartrosa)	The Lady Scarman (weiß/exzellenter Duft)
Yvonne Rabier (Polyantha, weiß)	White Wedding (weiß)

Die Welt der Rosen

Die Königin der Blumen liebt ihren Hofstaat

Rosen mit anderen Gartenpflanzen zu unter– und umpflanzen hat sowohl praktische wie ästhetische Gründe. Schauen wir uns erst die praktischen Erwägungen an: Mit einer gemischten Bepflanzung sogt man dafür, dass der Boden nicht einseitig ausgelaugt wird, da die verschiedenen Pflanzen für einen regen Proteinaustausch unter der Erde sorgen. Stirbt eine Rose, kann man eine Staude aus dem Beet an diese Stelle pflanzen und die neue Rose kommt an den vormaligen Platz der Staude. So spart man sich die aufwendige und schweißtreibende Prozedur eines Erdaustauschs von gut 80 mal 80 cm, den man sonst vornehmen müsste, um den Boden von „Rosenmüdigkeit" zu befreien.

Es war wohl der große englische Gärtner William Robinson, der um 1880 die damals revolutionäre Idee aufbrachte, Rosen mit anderen Pflanzen im Beet zu mischen. In seinem Garten bewies er, dass es den Rosen nicht schadete, sondern viel mehr gefiel, kühlende, bodendeckende und unterirdisch ausgleichende Gesellschaft zu haben. In späteren Jahren folgten kreative und kenntnisreiche Gärtnerinnen wie Gertrude Jekyll, Vita Sackville-West und Rosemary Verey dieser Anregung und entwickelten sie mit ihren sensiblen und ausgefeilten Pflanzenkompositionen zu wahrer Vollkommenheit. Meine Mutter, die um 1970 begann, unsere Gärten anzulegen, hat sich ihren „Gartenvirus" nicht ohne Grund in England zugezogen und über viele Jahre bekam man ihre Nasenspitze nur über den Rand eines Buchs (vorzugsweise der oben genannten Damen) zu sehen oder wenn man sich mit ihr gemeinsam in ein Beet stürzte. Für uns Kinder war das durchaus praktisch, denn Geburtstags- und Weihnachtsgeschenke in Form eines Gutscheins für Gartenarbeit kamen besonders gut an. (Wobei Vorsicht geboten war, denn zwei Tage Gartenarbeit schreiben sich leichter als sie gearbeitet sind!)

Wie auch immer, man tut sich schwer, in unseren Gärten ein freies Fleckchen Erde zu finden. Die alten Schönheiten flirten im Rosengarten mit graulaubiger *Artemisia ludoviciana*, einem silbrig grauen Beifuß und Woll-Ziest, Kletterrosen finden sich in inniger Umarmung mit einer spätblühenden *Clematis viticella*, Ramblerrosen geben Vaters geliebten Koniferen ein bisschen Pepp und verstecken sie, wo sie dem Rest der Familie gar zu übermächtig werden. In den Rabatten entlang der Wege halten Fingerhüte und Rittersporn Händchen mit Rosen, Akeleien und Glockenblumen, und allesamt sind sie in zarte Wolken von Schleierkraut gehüllt. All dieser Harmonie liegen Frauenmantel und Storchschnabel ergeben zu Füssen.

In unserer Gartenschule und bei Beratungsgesprächen mit Besucherinnen und Besuchern stellen

Zwei, die sich mögen: Die Bourbon-Rose 'Madame Isaac Pereire' im harmonischen Zusammenspiel mit der Clematis 'Nelly Moser' an einem klassischen Rosenbogen.

Die Welt der Rosen

wir immer wieder fest, dass eine der größten Unsicherheiten in der richtigen Auswahl der Begleitbepflanzung liegt. Rose und Lavendel scheint da ein untrennbares, aber auch etwas überstrapaziertes Paar zu sein – dabei gibt es noch herrliche andere Kombinationen.

FARBE UND STRUKTUR

Wir wählen Farben entweder ergänzend oder als Kontrast. Haben wir also eine weiße Strauchrose wie 'Boule de Neige' wählen wir ergänzend *Dianthus* 'Mrs Sinkins' (weiße, stark duftende Federnelke), *Lychnis coronaria* 'Alba' (weiße Baumlupine), *Digitalis purpurea* 'Alba' (weißer Fingerhut) und *Geranium clarkei* 'Kashmir White' (weißer Storchschnabel). Kontrastfarben setzen wir vor allem ein, wenn wir die Farbe der Rose hervorheben möchten oder wenn ein langsamer Farbwechsel im Verlauf einer Rabatte angekündigt werden soll. Hier eignen sich gut graulaubige Stauden wie *Artemisia ludoviciana* 'Silver Queen' (Beifußart), purpurlaubige wie *Penstemon barbata* (Bartfaden) und *Heuchera micrantha* 'Palace Purple' (Purpurglöckchen).

Die Begleitbepflanzung sollte dem Beet Struktur geben und das Interesse des Betrachters wecken. Niemals würden wir Rosen mit Päonien (Pfingstrosen) kombinieren. Beide bilden runde Büsche mit spektakulären Blüten und verlangen deshalb nach anderen Partnern. Alles, was hoch und kerzenförmig wächst, sorgt für Abwechslung neben Rosen: *Delphinium* (Rittersporn), *Digitalis* (Fingerhut), *Aconitum* (Eisenhut), *Verbascum* (Königskerze), *Veronica* (Ehrenpreis) und *Malva* (Malve). Romantische Begleiter wie *Gypsophila*-Arten (Schleierkraut) und *Campanula*-Arten (Glockenblumen) geben ebenfalls Struktur, und *Geranium*-Arten (Storchschnabel) sorgen für einen weichen Teppich zu Füssen der Rose.

Eine gelungene Kombination:
Die Kletterrosen 'Blarii No. 2' und 'New Dawn',
unterpflanzt mit Rittersporn.

BEGLEITPFLANZUNG ZU ROSEN

DUFT UND BLÜHZEITEN

Auch Kräuter können wegen ihr Blattstruktur – oder Farbe besondere Akzente setzen und mit ihrem Aroma den Duft von Rosen unterstreichen: *Nepeta fassenii* (Katzenminze), *Salvia*-Arten (Salbei), *Thymus*-Arten (Thymian), *Rosmarinus officinalis* (Rosmarin) und *Origanum vulgare* 'Aureum' (Oregano) vertragen sich gut mit Rosen.

Weitere empfehlenswerte Duftpflanzen sind die verschiedenen *Dianthus*-Arten (altmodische, sommerblühende Nelken), *Lonicera*-Sorten (Geißblatt) und, wo mehr Platz zur Verfügung steht, auch Büsche wie *Philadelphus* 'Belle Etoile' (Pfeifenstrauch).

Manche Begleitpflanzen haben jedoch andere Bodenansprüche, als die im Beet vorherrschenden Rosen. Wir versuchten, sommerblühende Nelken anzusiedeln, aber sie mochten die Bodenverhältnisse des Rosenbeets nicht. Seit wir ihnen ein kleines Privatbett mit sandigem, von kleinen Kieselsteinen durchsetztem Boden bereiten, blühen sie fröhlich durch den ganzen Sommer.

Bei Rosen, die nur einmal blühen, ist es wichtig, Gesellschaft zu wählen, die interessante Blickfänge besonders vor bzw. nach der Rosenblüte bietet. Im Frühjahr arbeiten wir beispielsweise mit *Narcissus*-Arten (Narzisse), der zarten *Tulipa turkestanica* (Tulpe), *Iris*-Arten, *Galanthus*-Arten (Schneeglöckchen), *Dicentra*-Arten (Tränendes Herz) und *Viola labradorica* (Veilchen). Für die spätere Sommerblüte eignen sich spätblühende *Campanula*-Arten, Phlox, Bergamot, *Lavatera* 'Barnsley' (Malve) und *Aconitum* (Eisenhut – Achtung mit kleinen Kindern – sehr giftig!).

Außergewöhnliche Blickfänge bieten *Allium*-Arten (Zierlauch), *Echinops ritro* (Kugeldistel) oder *Euphorbia*-Arten (Wolfsmilch). Für Beeteinfassungen eignen sich besonders gut *Buxus sempervirens* (Buchsbaum) und *Lavandula* 'Hidcote Blue'.

AUSPROBIEREN UND KOMPONIEREN

Nun haben wir in der Gärtnerei unsere Auswahl getroffen, haben uns wieder dazu hinreißen lassen, nicht ein, sondern zwei Kistchen voller Pflanzen zu kaufen und kommen voller Tatendrang in den Garten. Was tun? Die großen, starken nach hinten, die kleinen, zarten nach vorne? Ausprobieren! Denn nichts ist für die Ewigkeit in einem Garten und am besten lernt man durch Erfahrung. „Learning by gardening", so auch das Motto unserer Gartenschule, und selbst Profis wie John Scarman, der sein Handwerk bei Rosemary Verey von der Pike auf gelernt und mittlerweile dreissig Jahre Gärtnerleben auf dem Buckel hat, selbst er probiert und experimentiert immer wieder mit neuen Pflanzenkombinationen.

Treten Sie also zurück und schauen Sie sich Ihr Beet an. Es soll interessant sein und nicht alles auf einen Blick preisgeben. Erzeugen Sie Wellenbewegungen mit den Pflanzen, denn sie müssen nicht abgestuft wie die Orgelpfeifen im Beet stehen. Lassen Sie die Farben im Beet fließend ineinander übergleiten, erlauben Sie den Pflanzen, sich zu berühren und aneinander zu schmiegen, ohne sich gegenseitig zu

erdrücken. Wenn Sie Platz haben und Ihre Rabatte vielleicht eine Kurve beschreibt, kann ein größerer Strauch den Blick auf den weiteren Verlauf des Beetes verdecken, um so die Neugier des Betrachters aufs Neue zu entfachen. Wo Sie sich in der Farbauswahl oder Größe vertan haben, oder wenn Ihnen eine Zusammenstellung oder Pflanze nicht gefällt, kennzeichnen Sie diese mit einem „W-Etikett" für „weg mit Dir im Herbst oder Frühjahr!" (Plastikschildchen mit wasserfestem (!) Baumschulstift beschriften). Im Herbst oder Frühjahr kann man dann entsprechend umpflanzen. Notizen sind wichtig, wenn man das Geschehen in seinem Garten verfolgt. Schreiben Sie Ihre Erfahrungen auf, notieren Sie die Dinge, die Sie zu einem späteren Zeitpunkt erledigen möchten, merken Sie sich im Frühjahr und Sommer die Stellen, die etwas langweilig sind oder nicht gefallen und planen Sie jetzt, welche Pflanzen Sie hier gerne sehen würden und was verändert werden muss. Wenn Sie das Büchlein nicht verlegen, wird Ihr Garten davon profitieren.

ROSE UND CLEMATIS

Hinreißende Effekte schafft man durch Kombinationen von Kletterrosen und Waldrebe. Die beiden vertragen sich gut, denn Kletterrosen schätzen den kühlenden Schutz. Auch der Schnitt wird nicht komplizierter, denn beide werden bei uns einfach im selben Arbeitsgang geschnitten. Zu weißen Kletterrosen sieht eine purpurfarbene *Clematis* wie 'The President' hervorragend aus. Dunkelrote Kletterrosen werden verstärkt durch eine weiße *Clematis* wie 'Marie Boisselot'. Gelbe Kletterrosen kann man mit weißen oder blau-violetten Tönen gut kombinieren und rosa Kletterrosen können vom zarten Blau der *Clematis* 'Perle d'Azur' untermalt werden. *Clematis viticella* wie 'Abundance' oder 'Purpurea Plena Elegans' sind gerade im Hochsommer nicht aus unseren Gärten wegzudenken, da sie durch den ganzen Sommer bis in den Herbst hinein blühen und Farbe geben. Sehr starkwüchsige Sorten wie *Clematis montana* und *Clematis tangutica* sollten nur mit sehr wuchsfreudigen Ramblern wie 'Bobby James' oder 'Scarman's Himalayan Musk' kombiniert werden.

MITBEWOHNER IM TOPF

Nachdem wir festgestellt haben, dass Rosen Gesellschaft mögen, steht einer Wohngemeinschaft im Kübel auch für Balkon und Terrasse nichts im Weg. Im Gegenteil; die Rose wird sich um so wohler fühlen, so lang die Mitbewohner nicht zu übermächtig werden.

Besonders gut eignen sich alle einjährigen Pflanzen wie *Reseda*, *Nicotiana* (Tabakpflanze), Levkojen oder Nelken. Auch hier sollten Sie auf eine passende Farbzusammenstellung achten, die Ihnen und Ihrer Umgebung entspricht. Spiegeln Sie für die Kübelbepflanzung beispielsweise Farben, die im Inneren Ihrer Wohnung vorherrschen nach draußen. Oder nehmen Sie sich die Freiheit, Gewagtes zu probieren, wie John Scarman im letzten Jahr, als er mit seinen Gartenschülern einen schwarz glasierten Kübel bestückte.

BEGLEITPFLANZUNG ZU ROSEN

„Let's be dramatic", meinte er und pflanzte eine seiner neuen Rosen, die in dunkelstem Rot, manchmal fast Schwarz schimmert, hinein. Dazu schwarze Viola, schwarze Skabiosen und schwarzes Gras. Was eigentlich als Scherz gemeint war, wurde zum Verkaufsschlager, denn alle Teilnehmer stürzten sich auf den „Dramatic-Pot". Ganz so weit muss man ja nicht gehen, aber erlauben Sie sich ruhig ein wenig künstlerische Freiheit! Während Sie am Kombinieren und Ausprobieren sind, treten Sie immer mal wieder zurück und lassen Sie Ihre Komposition aus verschiedenen Blickwinkeln auf sich wirken. Auch der Blick von drinnen durchs Fenster oder die Balkontüre sollte direkt auf den Kübel fallen können, damit die fröhliche Kombination aus Rose und ihren Kavalieren auch an trüben Tagen eine willkommene und tröstende Aufheiterung ist.

IN DER VASE

Bei der Zusammenstellung eines Straußes für die Vase oder als Geschenk sollte man Folgendes beachten: Die Rose liebt ihr Gefolge, duldet aber keine aufdringlichen, grellen und übermächtigen Begleiter. Ansonsten sind dem persönlichen Geschmack und der Fantasie keine Grenzen gesetzt. Duft ist besonders wichtig, denn Blumen lösen bei uns sofort den Riechreflex aus. Die alten Rosensorten sind hier aus mehreren Gründen besonders geeignet: Sie duften vorzüglich und der Duft wird im Verblühen noch intensiver. Ihre geschlossenen oder teils geöffneten Knospen sind genauso attraktiv wie die gefüllten Blüten.

Am besten schneidet man die Blumen am frühen Morgen mit einer scharfen Gartenschere und stellt sie direkt in einen Eimer mit lauwarmem Wasser. Ein Korb ist nicht geeignet, auch wenn das dem romantischen Bild einer Blumenliebhaberin eher entspricht. Schneiden Sie die Stiele schräg und halten Sie die Pflanzen kühl, bis sie in Szene gesetzt werden. Bakterien sind der Feind jeder Vasenblumen. Deshalb alte Blütenblätter und Laub entfernen, da sie das Wasser verunreinigen. Guter Vasennährstoff sorgt für längere Haltbarkeit und sollte einen Bakterienkiller und Zucker beinhalten.

Beim Arrangieren sind der Fantasie kaum Grenzen gesetzt: Erlaubt ist, was gefällt!

DER ROSEN

Wie du mir – so ich dir!

Größtes Kopfzerbrechen bereitet immer wieder das Thema Pflege, Schnitt und Krankheiten von Rosen. Dabei ist das alles nicht so kompliziert und schwierig, wie man häufig hört und liest: Wer seinen Rosen Gutes tut, bekommt Besseres zurück!

Zu unseren Kursen über Rosenpflege kommen überwiegend verunsicherte Rosenliebhaber/innen, die praktischen Rat suchen, da dieses Thema meist viel zu akademisch angegangen wird. Natürlich gibt es grundsätzliche Regeln, die man beachten sollte, aber gesunder Menschenverstand, Gefühl und Spaß an der Sache gehören genauso dazu.

Um Rosen erfolgreich zu etablieren, ist eine gute, nährstoffreiche Gartenerde besonders wichtig. Nach dem Winterschnitt bekommen unsere Rosenbeete eine 10 cm dicke Schicht reifen Kompost (zwei bis drei Jahre alt). Wer keinen Kompost hat, kann auf einen guten, organischen Dünger zurückgreifen. Auf keinen Fall frischen Mist verwenden, der beim Verrotten Hitze erzeugt und den Pflanzen schadet. Auf die Kompostschicht wird Holzasche (ca. 1 cm) gestreut, die wir über den Winter vom Kaminfeuer gesammelt haben und den Kalidünger spart. Wer keinen Kamin hat, kann seinen eigenen Bedarf mittels eines winterlichen Holzfeuerchens im Garten selbst produzieren. Wir graben nicht um und hacken nicht, sondern lassen diese „Decke" mit all ihren Nährstoffen sacken. Würmer und Frühlingsschauer helfen dabei, alles in den Gartenboden einzuarbeiten. Von März bis Oktober geben wir unseren Rosen alle vier Wochen ein paar Prisen organischen Dünger. Die länglichen Körnchen werden sparsam einfach um die Büsche gestreut; sie müssen nicht eingearbeitet werden und zersetzen sich langsam.

Vereinfacht dargestellt versorgt der organische Dünger die Pflanzen auf natürliche Weise mit Nährstoffen, die sie in der benötigten Menge über ihre Wurzeln aufnehmen. Nach unserer Erfahrung begünstigen Mineraldünger Krankheiten – seit wir unseren Rosengarten nur noch organisch düngen, sind unsere Rosen viel gesünder!

Pflanzen Sie Ihre Rosen tief genug. Die Stelle, an der die Triebe aus der Wurzel kommen (Veredelungsstelle), sollte mindestens 2 cm unter der Erde

Voraussetzungen für gesunde Rosen

- ➤ gute Rosenqualität
- ➤ gute Erde oder richtige Bodenverbesserung
- ➤ korrektes Pflanzen
- ➤ nur organisch düngen
- ➤ junge Pflanzen „erziehen" und nicht mit zu viel Wasser verwöhnen
- ➤ richtiges Schneiden
- ➤ Gartenhygiene und korrektes Einsetzen von Chemikalien
- ➤ Begleitpflanzen wählen, die sich mit Rosen vertragen

sein. Nicht mit zu viel Wasser verwöhnen, da die Rose sonst ihre Wurzeln nicht weit in die Tiefe schickt, um sich selbst zu versorgen. Die Faserwurzeln, die sie statt dessen direkt unter der Oberfläche bildet, können leicht einen Frost abbekommen.

ROSENSCHNITT

Rosen schneiden macht Spaß! Vor allem wenn man seine Rosen als ganz normale Gartensträucher betrachtet. Solange wir über alte und moderne Strauchrosen sprechen, können Sie vieles vergessen, was Sie jemals über Rosenschnitt gelernt haben. Edelrosen oder Teehybriden sind jedoch ein anderes Thema. Sie müssen sich vorstellen, dass viele heute noch verbreitete Schnittanleitungen um 1900 entstanden. Ziel war es damals, bei Teehybriden einzelne, vollkommene Blüten für Wettbewerbe hervorzubringen – nicht attraktive und reich blühende Rosenbüsche. Diese Schnittmethoden sind für unsere heutigen Ansprüche bei Gartenrosen eigentlich ungeeignet.

John Scarman hat vor einigen Jahren eine einfache, von manchen auch als radikal empfundene Schnittmethode eingeführt, die nicht überall auf Gegenliebe stieß. Da wir aber seit geraumer Zeit um die 400 Alte und moderne Rosen in unseren Gärten erfolgreich nach dieser Methode schneiden, kann ich mit Bestimmtheit sagen, dass es funktioniert: Grundsätzlich geht es darum, kugelige, kompakte Büsche zu schneiden, die in Form und Proportion ansprechend sind. Treten Sie immer wieder einen Schritt zurück, gehen Sie mit Gefühl ans Werk und erlauben sie dem Strauch, sich in die Gesamtheit des Beets einzufügen.

Einmal blühende Alte Strauchrosen schneiden wir dreimal im Jahr:
1. Kurz bevor die Rosen zu blühen beginnen, schießen junge, hellgrüne Triebe hervor, die auf Höhe der obersten Blütenknospen des Strauchs abgeschnitten werden. Diese vegetativen Triebe tragen in diesem Jahr keine Blüten und verschwenden somit nur Energie, die besser in die weitere Blütenbildung fließt.
2. Diese vegetativen Triebe wachsen nach und man schneidet sie spätestens im August noch mal wie im Frühling.
3. Wir machen den Winterschnitt im frühen Winter, möglichst wenn die Blätter schon abgefallen sind. Nur tote oder kranke Triebe werden aus dem Innern des Strauches geschnitten, wir lichten nicht aus! Denn: je mehr Triebe, desto mehr Blüten, und je dichter der Strauch, desto mehr Halt hat er. Es ist egal, ob die Augen nach außen oder innen zeigen, denn Triebe, die ins Innere des Strauches wachsen, geben zusätzlichen Halt. Wir schneiden hübsche, kugelige Büsche, deren Triebe außen etwas niedriger sind, damit wir im Sommer von unten nach oben und rundherum Blüten genießen können.
Die Büsche sollen während der Blüte Nasenhöhe (wegen Duft!) erreichen, d. h. zwischen 1,20 bis 1,70 m, weshalb wir die etablierten Pflanzen jedes Jahr um ungefähr ein Viertel ihrer Gesamthöhe zurückschneiden.

DER ROSEN

Öfter blühende Alte Rosen und moderne Strauchrosen:

1. Damit diese Rosen den ganzen Sommer blühen, muss man jeweils die Triebe mit verblühten Blüten zurückschneiden. Hier ist es wichtig, dass man nicht direkt unterhalb der welken Blüte, sondern den Trieb gute zwei Drittel (zwei oder drei Augen) tiefer im Busch schneidet. Sie müssen sich vorstellen, dass der neue Trieb hier mit viel Kraft auf direktem Weg der Sonne entgegen empor schießen wird. Schneiden Sie zu weit oben, werden Sie die nächsten Blütenbüschel nur mit einer Leiter bewundern können. Schneiden Sie tiefer, werden die nächsten Blüten ungefähr auf Höhe der letzten blühen.

2. Den Winterschnitt von öfter blühenden alten Strauchrosen erledigen wir wie bei den einmal blühenden Rosen. Den Winterschnitt von modernen Strauchrosen machen wir normalerweise im frühen März, wobei wir die besonders wuchsfreudigen mit wenig Platz drum herum auf Kniehöhe zurückschneiden. Wo viel Platz für große Sträucher ist, schneiden wir lediglich auf Hüfthöhe zurück.

Moderne Teehybriden und **Edelrosen** sollte man zum Winterschutz etwas anhäufeln und/oder mit Tannenreisig bedecken, um sie vor Frostschäden zu schützen. Im Frühjahr können ihre Triebe bis auf zwei bis drei Augen zurückgeschnitten werden.

Rosen immer nur organisch düngen! Mineraldünger führt zu Krankheiten und schadet der Rose auf Dauer.

Bei **öfter und einmal blühenden Kletterrosen** ist es wichtig, den jungen Pflanzen mit einer Kletterhilfe zu zeigen, wo es lang geht. Binden Sie die Haupttriebe fächerförmig an und verwenden Sie immer Hanfschnur oder andere dehnbare Materialien. Es ist so schade, wenn man einen schönen Trieb verliert, nur weil er abgeschnürt wurde! Die Nebentriebe von öfter blühenden Kletterrosen schneiden Sie während des Sommers immer wieder zurück, um verwelkte Blüten zu entfernen und die Produktion neuer Blüten anzuregen. Dabei lassen Sie ca. zwei Augen des jeweiligen Nebentriebs zum jeweiligen Haupttrieb stehen.

Bei **Ramblern** können Sie mit der Schere in der Regel dort ansetzen, wo sie Ihnen zu üppig oder übermächtig werden.

Viele Rosen tragen im Herbst hübsche Hagebutten, die Farbe in den Garten bringen und Vögel anlocken. Es wäre schade, auf sie zu verzichten. Wer sich nicht sicher ist, ob eine Rose Hagebutten bildet, zupft bei einmal blühenden Rosen lediglich die welken Blütenblätter mit der Hand und schneidet die verblühten Knospen nicht ab. Bei öfter blühenden, Hagebutten bildenden Rosen sollte man im August aufhören, verwelkte Blüten auszuschneiden, wenn man die Früchte später genießen möchte.

Beobachten Sie Ihre Rosen und trauen Sie sich zu, ihre Ansprüche, ihr Verhalten und ihre Vorlieben kennen zu lernen. Allgemeingültige Schnittanwei-

ROSENPFLEGE

sungen müssen nicht immer mit Ihren individuellen Erfahrungen und auf Ihre ganz spezielle Rose zutreffen!

WENN DIE ROSE KRANK IST

Krankheiten und Schädlinge sind leider ein Thema, dass man nicht unter den Tisch fallen lassen kann. Mit Pilzkrankheiten wie Mehltau, Rosenrost, Sternrußtau oder mit Schädlingen wie Blattlaus und Sägewespe bekommt man es im Garten früher oder später zu tun. Die alten Rosensorten sind weniger anfällig und es gibt Sorten, wie Rugosa-

Romantik und ein bisschen Nostalgie gehören zur Rose. Aber auch gute und konstante Pflege.

Rosen, die tatsächlich keine Krankheiten bekommen. Aber, was tun, um Krankheiten vorzubeugen? Nach dem Schneiden der Rosen *immer* alles Laub zusammenrechen und entsorgen. Vorsichtshalber nicht kompostieren! Laub, das in einem milden Winter nicht abgefallen ist, mit der Hand abzupfen und entsorgen.

Mit dem Blattaustrieb beginnend regelmäßig spritzen, denn wenn Sie die ersten Anzeichen sehen, ist der Pilzbefall in der Regel schon weit fortgeschritten.

Lassen Sie sich von Experten gut beraten, wenn es um Spritzmittel geht und greifen Sie nicht zu irgend etwas im Gartencenter-Regal. Nicht bei Sonne oder Wind spritzen – bei Sonne schaden Sie der Pflanze, bei Wind sich selbst!

Düngen Sie die Rosen ausschließlich organisch!

Auch in unseren Gärten im *Landhaus Ettenbühl* wird regelmäßig gespritzt. Als Rosenproduzent, Rosenbaumschule und öffentlicher Garten können wir es uns nicht leisten, Pilzkrankheiten oder Schädlingsbefall zuzulassen. Außerdem liegen wir inmitten schönster Landschaft zwischen Wiesen und Feldern und haben mit allen Pilzsporen zu kämpfen, die sich dort ganz natürlich tummeln und vom Wind zu uns getragen werden. Wir spritzen alle zwei Wochen und setzen abwechselnd verschiedene Mittel ein. Dennoch empfehlen wir, gerade bei kleineren Gärten oder auf dem Balkon, biologische Möglichkeiten auszuprobieren. Es gibt durchaus wirkungsvolle Hausmittel, vor allem gegen Schädlinge (z. B. Brennnesselbrühe).

Rosen GLAMOUR

Rosen pflücke, Rosen blühn,
Morgen ist nicht heut!
Keine Stunde lass entfliehn,
Flüchtig ist die Zeit!

Trinke, küsse! Sieh, es ist
Heut Gelegenheit!
Weißt Du, wo du morgen bist?
Flüchtig ist die Zeit!

Johann Wilhelm Ludwig Gleim (1719–1803)

Rosen GLAMOUR

Das Rosenfest im Landhaus Ettenbühl

Jedes Jahr im Juni feiern wir unser Rosenfest. Das ist die Zeit, wenn die meisten unserer Rosen in voller Blüte stehen, der Rosenduft über den Gärten liegt und die Rosen samt ihrer Begleiter ein zauberhaftes Bild für die Gäste abgeben. Die natürliche Schönheit dieser Zeit ist nicht zu überbieten, dennoch versuchen wir sie auch in unseren Fest- und Tischdekorationen widerzuspiegeln. Es gibt Rosenbowle und Rosenlimonade, Rosensalate und alle möglichen anderen rosigen Leckereien.

Im alten Rom war die Rose stets Mittelpunkt des „Rosalia", eines großen Festes zu ihren Ehren. Besonders erfreut waren die Römer, als sich um 30 vor Chr. eine Rose fand, die im Herbst erneut blühte, so dass sie das berauschende „Rosalia" zwei Mal im Jahr feiern konnten. Nero ließ dann seine Gäste auf Teppichen aus Rosenblättern lustwandeln. Selbst Brunnen und Wasserspiele wurden mit reinem Rosenwasser gespeist, um die ganze Stadt in den verschwenderischen Duft der Rose zu tauchen. Heliogabulus, einer von Neros Nachfolgern, hatte die Vorliebe, Rosenblütenblätter in gewaltigen Mengen auf seine Gäste regnen zu lassen, womit er einige um die Freuden des Festes, aber auf direktem Weg ins Grab gebracht haben soll – sie erstickten unter der Masse der Rosenblätter.

Planen Sie Ihr Fest zu einer Zeit, wenn Ihr Garten am schönsten ist und gestalten Sie mit natürlichen Dekorationen wie Blüten, Zweigen und Früchten.

In unserer modernen, schnellen Welt haben wir vor allem das Problem, dass uns oft die Muse und Zeit fehlt, lange über Geschenk- und Dekorationsideen zu brüten oder sie gar in die Tat umzusetzen. Trotzdem gilt noch immer: Gerade etwas Selbstgemachtes hat besonderen Wert für die Beschenkten. Zum Glück kommt es dann weniger auf Vollkommenheit als auf die persönliche Hingabe an. Die Idee und die Mühe zählen hier mehr als die Perfektion. Genauso kommen pfiffige Dekorationen zum Rosen-Sommerfest bei Ihren Gästen besonders gut an.

Ein frisch geschnittener und kreativ zusammen gestellter Rosenstrauß aus dem eigenen Garten ist ein persönliches und liebevolles Geschenk oder kleine Sträuße und Accessoires aus selbst getrockneten Blüten, die den Beschenkten wiederum als Dekoration in der Wohnung dienen. Auch selbst gemacht Rosiges, das verspeist oder getrunken werden kann, ist immer willkommen. Auf Trödel- und Flohmärkten findet man oft hübsche Körbe, schöne Gläser, Vasen oder Flaschen, witzige alte Gießkannen und Zinkeimer oder andere originelle Gefäße. Sie eignen sich hervorragend, um sie mit frischen oder getrockneten Blumen zu füllen, und schöne Geschenke oder Dekorationen für ein Rosenfest im eigenen Garten zu kreieren.

Beziehen Sie Ihren Garten ins Fest mit ein und nutzen Sie die vorhandenen Elemente.

Rosige Geschenkideen

An dieser Stelle sollte ich gestehen, dass meine Handarbeitslehrerin an mir verzweifelte. In einer Grundschulklasse von neunzehn Jungs und fünf Mädchen bildete ich grundsätzlich das Schlusslicht. Ein großer Teil der Schusseligkeit hat sich zum Glück über die Jahre „verwachsen", aber ich ziehe die Rosenschere der Heißklebepistole eindeutig vor! Dennoch macht es großen Spaß, sich für liebe Freunde etwas Zeit zu nehmen und ein Geschenk selbst herzustellen. Die folgenden Anregungen sind einfach und setzen kein großes Talent voraus.

ROSENBLÜTENBLÄTTER

Es ist ratsam, sich einen kleinen Vorrat an getrockneten und gepressten Rosenblüten und Blättern anzulegen. Das ganze Jahr über hat man hübsches Blütenmaterial, um Briefkarten, Gutscheine, Kerzen, Tischkarten oder Liebesbriefe zu verzieren. Als Geschenk oder für die eigenen Wände sind getrocknete Blüten, symmetrisch auf ein Passepartout aufgeklebt oder als Collage zusammengestellt und in einen schönen Bilderrahmen gefasst, ein höchst dekorativer Blickfang.

DUFTENDES PAPIER

In guten Papierhandlungen kann man sich Büttenpapier und Umschläge aus Blüten und Gräsern besorgen. Meist heißt dieses Papier „Fleur". Geben sie ein paar Tropfen Rosenöl auf einen kleinen Schwamm oder Wattebausch und legen Sie ihn zusammen mit dem Papier in eine dicht schließende Dose – den Wattebausch nicht auf das Papier legen, damit es keine Flecken bekommt. Die Dose dunkel und kühl lagern. Nach zehn bis vierzehn Tagen wird das Papier von wunderbarem Rosenduft durchdrungen sein und man kann es zum Bei-

Die Mühe zählt: Selbst gemachte Liköre, Sträuße oder andere liebevolle Aufmerksamkeiten kommen immer gut an.

GESCHENKIDEEN

> **Gegen Gold aufgewogen**
>
> Das echte Rosenöl der *Rosa damascena* ist sehr teuer. Es kostet pro Unze gerechnet so viel wie Gold! Deshalb wird häufig geraten, auf billigere naturidentische Rosenöle auszuweichen. Zu Dekorationszwecken ist das durchaus vertretbar. Wenn es aber um Lebensmittel und Kosmetik geht, sollte man das echte Rosenöl verwenden oder auf reines Rosenwasser von bester Qualität zurückgreifen (s. Seite 56).

spiel zusammen mit einer Rosentinte und einem Federkiel verschenken.

ROSENPOTPOURRI

Ein gut duftendes, farbenfrohes Potpourri ist immer ein wunderbares Geschenk. Wer fingerfertig ist, kann Potpourris in kleine selbst gemachte Stoffsäckchen füllen und als Duftkissen verschenken. Ich greife gerne auf meine Flohmarktschätze zurück und verschenke es in einer schönen Schale. Für einen Behälter von einem Liter Inhalt nimmt man zwei gute Hände voll Blüten. Vorzugsweise Duftrosenblüten, aber auch Salbei-, Frauenmantel-, Rittersporn-, Ringelblumen- und Lavendelblüten. Die Pflanzenteile werden einzeln auf Küchen- oder Löschpapier ausgelegt, das man am besten auf einem Backofenrost ausbreitet. Die trockenen Blüten in ein großes Glas mit Deckel füllen, mit einem Teelöffel Veilchenwurzmehl bestäuben und zwei Tropfen ätherisches Rosenöl dazugeben. Nach Belieben kann man noch Minzeblätter, Zimt oder Nelken prisenweise dazugeben. Das Glas nun gut schütteln, den Deckel fest schließen und kühl und dunkel für gut eine Woche geschlossen lagern. Veilchenwurzmehl und ätherisches Rosenöl bekommt man in Apotheken.

ROSENKUGELN

Ein einfaches, aber beeindruckendes Geschenk sind duftende Rosenkugeln zum Aufhängen. Man besorgt sich eine Kugel aus Steckmasse in gewünschter Größe, mittelstarken Bindedraht, ein hübsches, farblich passendes Geschenkband und getrocknete Rosenblütenknospen (ca. 100 g).

Den Draht durch die Kugel stechen, bis er unten etwas herausschaut. Eine kleine Schlaufe hält ihn davon ab, wieder in die Kugel zurückzurutschen. Oben wird ebenfalls eine Schlaufe gebunden, an der man das Geschenkband zum Aufhängen befestigen kann. Die Stiele der Rosenknospen sollten etwa 2,5 cm lang sein, damit sie gut in der Kugel halten. Sind sie kürzer, sollte man die Stielansätze mit Klebstoff fixieren. Man beginnt am besten, die Rosenknospen eng um den oberen Draht mit dem Band herum zu stecken. Unterhalb davon steckt man den nächsten Kreis. So fährt man fort, bis die Kugel mit Knospen gefüllt und nichts mehr von der Steckmasse zu sehen ist. Wenige Tropfen Rosenöl sorgen für den Duft.

Weitere Geschenkideen finden Sie auf den folgenden Seiten bei den Rezepten und der Kosmetik.

GLAMOUR

Vorbereitungen für Ihr Rosenfest

Wer in seinen Garten einlädt, möchte natürlich einen guten Eindruck bei seinen Besuchern hinterlassen. Planen Sie Ihr Fest also zu einer Zeit, wenn der Garten erfahrungsgemäss besonders viel zu bieten hat. Frisch gemähter Rasen ist schon die halbe Miete und gibt dem Garten einen frischen und edlen Touch. Versuchen Sie, eine aufgelockerte Atmosphäre zu schaffen, und beziehen Sie verschiedene Stellen des Gartens ins Fest mit ein. Ein Rosensektempfang findet z. B. in der Laube statt, bevor die Gesellschaft an den festlich geschmückten Tisch umzieht oder einen kleinen Snack einnimmt, der am Teich oder Biotop aufgebaut ist.

Wer ein größeres Wasserbassin zu Verfügung hat, kann es wie Plinius der Jüngere (61–113) halten und „Schiffchen" mit Speisen schwimmen lassen. Das mag dekadent klingen, ist es aber nicht, solange sie nicht sinken. Sie können die Teller auf Styroporringe (Bastelladen) stellen, so werden sie auf der Wasseroberfläche gehalten. Auch kleine Kerzenlichter, die man auf diese Weise schwimmen lässt, sorgen für Flair, vor allem wenn es dunkler wird und sich ihr Schein widerspiegelt.

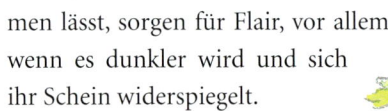

DEKORIEREN MIT NATÜRLICHEN MATERIALIEN

Ist die Wetterlage nicht ganz stabil, kann ein kleiner Pavillon aufgestellt werden, den man auch günstig leihen kann. Besonders gut eignet sich ein weißer, weil Sie keine farblichen Schwierigkeiten mit der Dekoration bekommen und ihn mit Kübelpflanzen, frischen Gartenblumen und Girlanden aus Efeu, wildem Wein und Blüten dekorieren können. Auch einfarbige Sonnenschirme können mit solchen Mitteln etwas hübscher gestaltet werden, wenn man über den Außenschirm natürliche Girlanden ranken lässt und den Innenteil, wo sich der Schirm gabelt, mit Blumenranken und -gestecken dekoriert.

Kleinere Bäume bieten zusätzliche Dekorationsmöglichkeiten. So kann man Körbe mit Früchten oder Blumen an ihnen aufhängen oder an bunten Bändern von Ästen runterhängen lassen.

Einen schönen Blickfang kann eine hübsche Holzleiter bilden, die man an einen Baum lehnt und auf deren Sprossen Blumentöpfe oder -vasen platziert werden. Einzelne Rosen in stilvollen Gläsern sehen hier edel aus und bilden einen guten Kontrast zum rustikalen Holz. Wenn die Leiter breite Sprossen hat, kann sie sogar eine ungewöhnliche und fantasievolle Etagere für Getränke und Gläser sein.

DEKO FÜR DAS ROSENFEST

ROMANTIK FÜR ZWEI

Wer ein Tête-à-tête plant, sollte den Esstisch an einer besonders romantischen Stelle des Gartens platzieren, wie beispielsweise unter einer Rosenlaube oder an einem gut duftenden, üppig blühenden Busch. Die Stelle sollte nicht unbedingt von neugierigen Nachbarn eingesehen werden können. Findet das Rosen-Rendezvous auf einem Balkon statt, sorgen Sie für verführerischen Duft mit Duftkerzen und Duftschalen. Sie erinnern sich, was die betagte Dame zu John Scarman sagte ... (s. Seite 18). Die Beleuchtung ist besonders wichtig, egal ob im Garten oder bei einem ganz kleinen, intimen Fest auf dem Balkon. Im Garten kann man Fackeln nehmen, da sie ein schönes, natürliches Licht verbreiten. Leider riechen sie oft nicht angenehm. Große Windlichter, Laternen vom Trödel und cremefarbene Lampions, die mit getrockneten Rosenblüten und -blättern beklebt wurden, sind besonders attraktiv. Rosen-Windkerzen lassen sich einfach mit Gelwachs herstellen. Hierzu nimmt man ein großes, hohes Glasgefäß – ein gläserner Regenmesser auf einem Eisenstab eignet sich hervorragend –, füllt es mit Rosenblättern und Blüten, setzt den Docht ein und gießt das Gelwachs vorsichtig hinein. Das ergibt ein dekoratives Gartenlicht, das über viele Stunden brennt. Gelwachs mit Docht bekommt man mit genauer Gebrauchsanleitung im Bastelladen.

Auch alle permanenten Gartendekorationen können zum festlichen Anlass mit Rosen geschmückt werden. Ein Vogelbad wird zur wunderschönen Rosenschale, und ein Vogelhaus bekommt kurzfristig nasse Pflanzensteckmasse als Untermieter, die mit wunderbaren, frischen Blumen besteckt wird, und somit einen amüsanten Blickfang bietet. Die Statue am Ende des Wegs trägt zur Feier des Tages einen Rosenkranz auf dem Haupt und selbst der Hund des Hauses wird eine Rose im Halsband nicht übel nehmen. Gold-farbene oder bunte Rosenkugeln, Rosenstäbe, Obelisken und Bögen sollten vor dem Fest herausgeputzt werden. Es reicht schon, wenn Sie am Abend zuvor alle verwelkten Rosenblüten entfernen, wo etwas unordentlich herunterhängt, wieder aufbinden oder ganz entfernen, und den Rosenkugeln eine Politur verpassen, damit alles in frischem Glanz erstrahlt, wenn Ihr Rosenfest steigt.

Fazit: Übertreiben Sie es nicht mit der Dekoration, aber sorgen Sie für amüsante und fantasievolle Blickfänge und Akzente. So lange alles mühevoll, aber nicht mühsam wirkt, liegen Sie richtig.

Rosen
GLAMOUR

Tischdekoration mit Rosen

Eine festlich und kreativ dekorierte Tafel wirkt nicht nur einladend, sondern bietet Ihren Gästen sogleich ein Gesprächsthema. Gehen Sie mit Detailliebe ans Werk, denn nicht nur bei den Speisen isst das Auge mit. Zu einem feierlichen Anlass gehört häufig eine Sitzordnung, die von den Gastgebern mit viel Fingerspitzengefühl arrangiert wird. Die liebevoll gestalteten Tischkärtchen thronen dekorativ über jedem Gedeck und sollen zum zwischenmenschlichen Gelingen des Abends beitragen. Besonders amüsant und immer wieder zu beobachten; – die mysteriöse Wanderung solcher Tischkärtchen ...

Dem persönlichen Geschmack und dem Anlass entsprechend, kann man mit wenigen Mitteln wunderbare Tischdekorationen für ein Fest im Garten oder auf dem Balkon kreieren. Frische, duftende Rosen romantisch und locker in einer Schale arrangiert, gehören auf jeden Fall dazu. Mit gut durchgesogener Steckmasse kann man in jedem undurchsichtigen Gefäß den Blumen einen besseren Halt geben. Eine gläserne Etagere, die auf ihren verschiedenen Ebenen mit Rosen dekoriert wird, eignet sich besonders gut für eine große Tafel – auch der Gast am Tischende kann sie sehen.

Gibt es eine Sitzordnung, können Sie die entsprechenden Tischkärtchen mit getrockneten oder frischen Blüten dekorieren. Es gibt auch hübsche Stempel mit Rosenmotiven, die man hierfür benutzen kann. Einzelne frische Blüten, die in Serviettenringe gesteckt oder einfach auf die Teller gelegt werden, sorgen für rosiges Flair. Stellen Sie ein hübsches hohes Schnapsglas mit Wasser bei jedem Gedeck bereit, damit die Gäste ihre Dekoration versorgen können, denn viele Pflanzenliebhaber bekommen ein unangenehmes Gefühl, wenn sie die Rose über den Abend hinweg dahin welken sehen.

KERZENSTIMMUNG

Kerzen und Windlichter sind auf dem Tisch unerlässlich. (Aber Vorsicht mit Duftkerzen am Tisch – nicht jeder Gast mag das beim Essen.) Hohe, gläserne Windlichter können mit frischen Rosen dekoriert werden. Man befestigt die Kerze zuerst mit etwas Wachs und füllt dann Wasser dazu. Die Rosen können nun locker dazu arrangiert werden. Achtung, weniger ist hier mehr und zarte Farben passend zur Kerze sind meist hübscher als starke Rottöne.

Auch Gelkerzen machen sich bei der Tischdekoration gut. Hierzu kann man hübsche Gläser in verschiedenen Formen und Größen nehmen. Wählen Sie vorzugsweise ganze Blüten und Triebe mit mehreren Blättern, die Sie behutsam ins Wachs eingießen. Das ist sehr einfach, aber man sollte trotzdem in ein oder zwei Probeläufen etwas Erfahrung sammeln. Hierfür sind Blüten mit starken Farben zu empfehlen, da das Gel die Farben etwas schwächt und nach einigen Tagen sogar ganz verblassen lässt. Trotzdem sind sie für einen Abend ein

Königin Victoria von England hatte immer einige Rosen auf ihrem Schreibtisch liegen, weil sie ihren Duft so liebte: beim Verwelken duften Rosen am stärksten.

Special

hübscher Blickfang auf dem Tisch, brennen lange und sind besonders gut für draußen geeignet. Gelwachs und passende Dochte bekommt man im Bastelladen.

Wer einen Zimmer– oder Tischbrunnen oder ein Wandbassin hat, kann für den besonderen Anlass duftendes Rosenwasser fließen lassen. Rosenwasser 1:1 gemischt mit Leitungswasser genügt für dezenten, aber gut wahrnehmbaren Duft. Gerade wenn die Rosen gegen Abend aufhören zu duften, aber Duft einen ganz wesentlichen Einfluss auf unser Wohlbefinden hat (s. Seite 64), ist dies eine sinnvolle und sinnliche Untermalung für einen gelungenen Abend.

Ich lese immer wieder den Tipp, man solle frische Rosenblütenblätter als Dekoration auf dem Tisch verstreuen. Davon kann ich nur abraten, denn sie welken schnell und werden dann unansehnlich. Gezuckerte Blütenblätter (s. Seite 58) machen hier allerdings die Ausnahme, sie sind sehr dekorativ, bleiben hübsch und sind für den einen oder anderen Gast vielleicht sogar ein willkommener Zwischensnack.

Weniger ist mehr: Bei der Tischdekoration lieber dezent bleiben und die Rosen für sich selbst sprechen lassen.

Rosen aus dem Garten

Schneiden Sie die Rosen, wenn der Morgentau leicht abgetrocknet und es noch nicht zu warm ist. Direkt in einen Eimer mit lauwarmem Wasser stellen und über den Tag an einem kühlen Ort aufbewahren. Wenn Sie die Dekorationen vorbereiten, schneiden Sie einfach die Spitzen der Dornen mit einer Schere ab. Vom Trieb abgeknipste Dornen verkürzen die Lebenszeit der Rose erheblich!

Rosen GLAMOUR

Rosenküche

Seit Jahrtausenden gehört die Rose zu den Küchenpflanzen und duftendes Rosenwasser wurde schon im alten Ägypten und Persien in Medizin, Küche und für Kosmetik verwendet.

In jüngster Zeit hat die Rose eine wahre Renaissance in der Küche erlebt. Sie ist geradezu „in", was zur Folge hat, dass die abenteuerlichsten Informationen und Rezepte kursieren. Viele davon sind unserer Meinung nach mit Vorsicht zu genießen, denn im Namen der kreativen Rosenküche wird zum Gebrauch von Rosenöl und Rosenwasser, mehreren hundert Gramm Duftrosenblüten und so und so viel Kilo Hagebutten geraten. Man fragt sich, wo und von wem all diese Blüten und Hagebutten geerntet werden können. Wer möchte schon seine wunderbar blühenden Duftrosen zerpflücken? An was erfreut man sich dann noch im Garten und was bleibt für die Vase oder festliche Dekorationen übrig? Um ein Kilo Hagebutten zu ernten, braucht man ungefähr fünfzig Meter Wildrosenhecke und sehr viel Zeit – für 250 Gramm Duftrosenblätter etwa achtzig Duftrosenblüten und sehr viel Überwindung! Auch Angaben über die Benutzung von Rosenöl und Rosenwasser sind häufig verwirrend oder schlicht falsch. Die wohltuenden und gesunden Kräfte der Rose werden im selben Atemzug mit naturidentischen Rosenölen gepriesen. Dieses Öl erzielt bestenfalls Plazebo-Effekte.

Rosenblüten kann man im Wasser einfrieren und zu einem späteren Zeitpunkt wieder auftauen. Sie behalten ihren Duft und sind gut für Rosenbowle geeignet.

ROSENÖL UND ROSENWASSER

Deshalb aber ganz auf die Rose in der Küche verzichten, auf ihr Aroma, die heilenden, aphrodisierenden, beruhigenden oder antidepressiven Kräfte, den Spaß bei der Zubereitung und die Anerkennung der Gäste? Nein, auf keinen Fall!

Man sollte nur Folgendes wissen und entsprechende Voraussetzungen für seine Rosenküche schaffen:

- Wer nicht genügend Duftrosenblüten zur Verfügung hat, kocht weitgehend mit Rosenwasser.
- Das reine Rosenwasser der Damascena-Rose (*Rosa damascena*), das hierfür benötigt wird, ist nicht billig (DM 60 bis DM 90 pro 250 ml), aber besonders aromatisch. Es ist ein reines Destillat aus den Rosenblütenblättern der Damascena-Rose, das keinerlei Konservierungsstoffe oder andere Zusatzstoffe enthält. Achten Sie beim Kauf darauf, dass Sie das echte Rosenwasser der *Rosa damascena* bekommen, das die wohltuenden Eigenschaften der Rose in sich trägt.
- Fragt man in Apotheken nach Rosenwasser, erhält man in der Regel ein Gemisch aus gereinigtem Wasser mit einigen Tropfen marokkanischem oder französischem Rosenöl. Zum Kochen ist dieses Rosenwasser nicht zu empfehlen, da es weder ein angenehmes Aroma hat, noch die magischen und wohltuenden Kräfte der Rose freisetzen kann. Fragen Sie also gezielt nach dem Wasser der Damascena-Rose.
- Selbst gemachtes Rosenwasser können Sie jederzeit verwenden, sofern Sie genügend Duftrosen der richtigen Sorten zur Verfügung haben. Rosen aus

dem Blumenladen sind hübsch in der Vase, aber zum Kochen absolut ungeeignet! Die Qualität eines selbst hergestellten Rosenwasser kann aber nicht an das Aroma und die Kräfte des Damascena-Rosenwassers heranreichen.

● Ätherisches Rosenöl sollte man zum Kochen nur verwenden, wenn man sich das echte, sehr teure Rosenöl „Attar" leisten möchte. Dieses Rosenöl wird ebenfalls aus der Damascena-Rose gewonnen. Ein Milliliter kostet allerdings zwischen DM 80 und DM 100.

● Das günstigere ätherische Rosenöl, das in Marokko oder Frankreich aus *Rosa centifolia* gewonnen wird, ist nicht zum Kochen geeignet, sondern bildet die Grundlage vieler Parfums. Wenn man ein reines Damascena-Rosenwasser zum Kochen verwendet, kann man bei den meisten Gerichten auf die Zugabe von Rosenöl gänzlich verzichten.

Rosen für die Küche

Man schneidet die Rosen am besten morgens, wenn der Morgentau gewichen ist, aber die Sonne noch nicht stark scheint. Die Rosen sollten nicht gespritzt sein und vor der Zubereitung auf Insekten untersucht werden.

Madame Hardy	weiss	Damascena-Rose
Ispahan	rosa	Damascena-Rose
Rosa damascena bifera	rosa	Damascena-Rose
Rose de Rescht	pink	Damascena-Rose
The Lady Scaman	weiss	Moschata-Hybride
Madame Isaac Pereire	pink	Boubon-Rose
Louise Odier	rosa	Bourbon-Rose
La Reine Victoria	rosa	Bourbon-Rose
New Dawn	zartrosa	Rambler-Rose
Souvenir de la Malmaison	zartrosa	Bourbon-Rose
Comte de Chambord	rosa	Portland-Rose
Jacques Cartier	rosa	Portland-Rose
Souvenir du Docteur Jamain	purpur	Remontant-Rose
Zéphirine Drouhin	rosa	Bourbon-Rose

Rosen GLAMOUR

● Auf naturidentisches, also künstlich erzeugtes Rosenöl sollten Sie, zumindest in der Küche, gänzlich verzichten!

Die Rosenblüte ist eine schmückende, aromatisierende und wohltuende Beigabe für Gerichte. Sie eignet sich besonders gut für Süßspeisen und in Kombination mit Aprikosen, Pfirsichen und anderen Früchten. In Maßen kann sie auch für salzige Speisen verwendet werden, wo sie abrundenden Charakter hat. Auch für Getränke ist die Rose als Aromaträger bestens geeignet.

Zur klassischen Teatime oder Kaffeestunde passt die Rose ganz besonders gut: Sie versteht sich mit Süßem besser als mit Saurem!

Auf den folgenden Seiten erhalten Sie einige Anregungen für Getränke und Gerichte, die wir selbst mögen, und die leicht zuzubereiten sind.

ROSENWASSER SELBST HERSTELLEN

Die Grundlage unserer Rosenküche ist ein reines Damascena-Rosenwasser, das wir aus dem Iran bekommen. Wer lieber sein eigenes Rosenwasser herstellen möchte, um seine Gerichte damit zuzubereiten, nimmt hierzu

150 g Rosenblütenblätter und
1 Liter Wasser.

Den weißen Blattansatz der Blütenblätter mit einer Schere entfernen, da er bei einzelnen Sorten recht bitter schmeckt. 50 g Rosenblütenblätter in eine Schüssel geben und das siedende, nicht kochende (!) Wasser darüber gießen. Diesen Sud mindestens eine Stunde ziehen lassen. Das Rosenwasser abseihen, wobei die Blütenblätter im Sieb leicht ausgedrückt werden. Dieses Wasser erneut zum Sieden bringen und weitere 50 Gramm Blütenblätter damit übergießen. Verfahren Sie weiter wie beim ersten Durchgang und wiederholen Sie die Prozedur ein weiteres Mal. Nach dem dritten Durchgang das Rosenwasser abkühlen lassen und möglichst in dunklen Flaschen aufbewahren. Im Kühlschrank ist es mehrere Wochen haltbar. Nicht wundern, wenn es leicht bitter schmeckt – Rosenwasser hat diese Geschmacksnote.

ROSENKÜCHE

ROSENLIMONADE

Für heiße Tage und noch heißere Nächte ist Rosenlimonade oder „Prosecco Rosé" ein erfrischendes Getränk, das als alkoholischer und nicht alkoholischer Aperitif gereicht werden kann. Hierzu braucht man:

200 ml Wasser

200 g Zucker

5 Zitronen

gut 2 Hände Rosenblütenblätter (einige zum späteren Verzieren aufheben)

1 Schnapsglas Rosenwasser zum Abschmecken (wenn keine Rosenblätter verfügbar sind, etwas mehr Rosenwasser dazugeben)

Mineralwasser, trockenen Sekt oder Prosecco

Wasser und Zucker aufkochen, den Topf vom Herd nehmen und die Rosenblätter dazu geben. Die Masse bei geschlossenem Topf abkühlen lassen. Später den Saft der Zitronen hinzufügen, noch einmal kurz ziehen lassen und die Rosenblätter abseihen. Ist das Rosenaroma nicht stark genug, geben Sie etwas Rosenwasser hinzu. Diese Limonadenbasis kaltstellen. Glasweise und je nach Geschmack mit Mineralwasser, trockenem Sekt oder Prosecco auffüllen.

ROSENBOWLE

Die klassische Rosenbowle darf bei keinem Fest fehlen. Für 10 bis 12 Personen nehmen Sie gut zwei Hände Rosenblütenblätter (einige zum Verzieren aufheben).

150 g Zucker

100 ml Himbeerlikör

100 ml Cognac

50 ml Damascena-Rosenwasser (wer keine Rosenblätter hat, etwas mehr)

Saft einer Zitrone

2 Flaschen guten, trockenen Weißwein oder Rosé – kaltstellen!

2 Flaschen trockenen Sekt, Prosecco oder Champagner – kaltstellen!

Die Rosenblütenblätter in eine Schüssel geben und mit dem Zucker bestreuen. Himbeergeist und Cognac dazugeben und mischen. Mindestens eine Stunde zugedeckt ziehen lassen, dann den kalten Weißwein dazugeben. Eine weitere Stunde kaltstellen und ziehen lassen. Dann die Rosenblätter abseihen, zur Flüssigkeit das Rosenwasser hinzufügen und alles in ein Bowlegefäß geben. Mit kaltem Sekt, Prosecco oder Champagner auffüllen, mit einigen Rosenblütenblättern verzieren und kalt servieren.

Getränke kann man übrigens mit Roseneiswürfeln noch aufpeppen. Damit die Einlage nicht an der Oberfläche schwimmt, füllt man dazu die Eiswürfelbox zur Hälfte mit Wasser und legt einzelne, kleine Rosenblüten oder halbgeöffnete Knospen hinein. Im Gefrierfach etwas anfrieren lassen, bevor man ganz mit Wasser auffüllt.

Rosen
GLAMOUR

VINAIGRETTE

Zu sommerlichen Blattsalaten oder Carpaccio schmeckt eine Rosenvinaigrette köstlich. (Hinweis: Am Vorabend beginnen!) Für einen Salat dabei etwas weniger, für ein Carpaccio die unten angegebene Mengen verwenden.

> 150 ml Balsamico- oder Rotweinessig
> gut 1-2 Hände Rosenblütenblätter
> Saft und Schale einer unbehandelten Zitrone
> 350 ml Distel- oder Traubenkernöl (es muss möglichst neutral sein)
> 20 ml Damascena-Rosenwasser
> Salz
> Pfeffer aus der Mühle

Die Rosenblätter in sehr feine Streifen schneiden. Den Essig über die Rosenblätter geben und zugedeckt an einem kühlen Ort für mindestens einen Tag ziehen lassen. Dann die restlichen Zutaten ohne das Rosenwasser dazugeben und möglichst im Küchenmixer kurz durchmixen. Das Rosenwasser vor dem Servieren hinzufügen. Im Kühlschrank kann man die Vinaigrette auch für einige Tage aufbewahren.

ROSENSORBET

Dieses köstliche Sorbet ist ein stilvoller Höhepunkt für ein Fest. Für ca. 6 Personen brauchen Sie

> 120 g sehr feinen Zucker
> 300 ml Wasser, kochend
> eine gute Hand voll Rosenblütenblätter (möglichst starkes Pink wie 'Rose de Rescht')
> 2 Zitronen
> 300 ml guten Roséwein

Den Zucker in eine Schüssel geben, mit kochendem Wasser übergießen und so lange rühren, bis er sich ganz aufgelöst hat. Die Rosenblütenblätter dazugeben, vermengen und die Masse abkühlen lassen. Wenn die Masse völlig erkaltet ist, mit einem elektrischen Mixer gut durchrühren und dann durch ein feines Sieb gießen. Jetzt kommen Zitronensaft und Rosé hinzu und werden untergerührt. Wer eine Eismaschine hat, kann es sich gemütlich machen, den die Maschine erledigt den Rest. Einfach einfüllen, einschalten und warten, bis das Sorbet die richtige Konsistenz hat. Per Handarbeit geht es auch, dauert nur etwas länger: Die Mischung in eine Plastikschüssel füllen und ins Gefrierfach stellen, bis die Ränder gefroren sind. Dann mit dem Schneebesen glatt rühren und wieder ins Gefrierfach stellen. Diese Prozedur noch zweimal wiederholen, bis das Sorbet ganz glatt, geschmeidig und gefroren ist.

Gezuckerte Rosenblüten

Eine tolle Dekoration für Torten, Desserts und Getränke. Mit einem feinen Pinsel die Innen- und Außenseiten ganzer Rosenblüten oder einzelner Blütenblätter mit Eiweiß bestreichen und mit extrafeinem Zucker dicht bestreuen. Zum Trocknen legen Sie diese Köstlichkeiten auf ein Kuchengitter. Ein dekorativer Blickfang und gleichzeitig eine kleine Nascherei!

ROSENKÜCHE

Sie können dem Sorbet zu einem spektakulären Auftritt verhelfen, indem Sie eine Eisschüssel mit Rosenblüten und Blättern herstellen. Sehr einfach, aber man erntet große Bewunderung! Sie benötigen:

2 Glasschüsseln, deren Durchmesser 3 bis 4 cm unterschiedlich sein müssen
Blüten, Knospen, Blätter nach Belieben
einige Eiswürfel
Wasser

Nehmen Sie die größere Schüssel und legen Sie Blüten, Knospen und Blätter einzeln hinein. Diese mit Eiswürfeln beschweren, die kleinere Schüssel auf die Eiswürfel stellen und beschweren. Füllen Sie den Zwischenraum der beiden Schüsseln langsam bis zur Hälfte mit Wasser und stellen Sie die Schüsseln vorsichtig zum Anfrieren ins Gefrierfach oder die Tiefkühltruhe. Wenn sich alles etwas stabilisiert hat, kann man schrittweise weiter mit Wasser und Blütenblättern auffüllen und einfrieren lassen.

Nehmen Sie die Schüssel kurz vor dem Servieren aus dem Kühlfach, damit sie leicht antauen kann. Jetzt kann man die beiden Glasschüsseln entfernen. Nicht zu ungeduldig sein und bitte kein heißes Wasser zur Hilfe nehmen, sonst bilden sich Risse in der Eisschüssel. Das Sorbet in die Eisschüssel füllen und servieren. Nach dem gleichen Verfahren lassen sich auch einzelne Eisschalen herstellen, um portionsweise zu servieren. Besonders gut schmeckt das Sorbet übrigens mit einem Schuss Champagner oder Wodka!

ROSE TURKISH DELIGHT

Wer Süßes und Rosen liebt, kann leicht süchtig nach Rose Turkish Delight werden, denn es verbindet beides in Perfektion. (Hinweis: Am Vorabend beginnen!)

2 Esslöffel Gelatine in Pulverform
60 ml Damascena-Rosenwasser
450 g Zucker
150 ml Wasser
einige dunkel rosafarbene Blütenblätter (z. B. 'Rose de Rescht') für die Farbe oder etwas Speisefarbe

Leckereien mit Rosen: Rosensorbet …
… und Rosen-Pfirsich-Marmelade

Rosen
GLAMOUR

1 Teelöffel Damascena-Rosenwasser
20 g Speisestärke
60 g Puderzucker

Die Gelatine mit dem Rosenwasser verrühren und zur Seite stellen. Den Zucker in einen Topf geben und bei geringer Hitze im Wasser auflösen. Wenn der Zuckersirup ganz klar ist, die Hitze erhöhen, die Rosenblütenblätter dazu geben und aufkochen lassen. Es sollte möglichst eine Temperatur von 116 °C. erreicht werden. Ein Zuckerthermometer ist hier hilfreich. Den Topf vom Herd nehmen und die Mischung aus Rosenwasser und Gelatine dazugeben, wieder auf die heiße, jetzt aber abgeschaltete Kochplatte stellen und so lange rühren, bis sich die Gelatine ganz aufgelöst hat. Die Rosenblütenblätter zusammen mit dem Schaum, der sich vielleicht gebildet hat, abschöpfen und einen Teelöffel Rosenwasser dazugeben.

Sollte die Masse nun keine zartrosa Farbe angenommen haben, kann man wenige Tropfen roter Lebensmittelfarbe hinzufügen. Den zähflüssigen Sirup nun in eine rechteckige geölte Back- oder Auflaufform (ca. 20 x 16 cm) gießen, abkühlen und fest werden lassen. Die völlig kalte, feste Masse in längliche Stücke von ca. 3 x 4 cm schneiden. Speisestärke und Puderzucker mischen und damit rundherum bestäuben. Turkish Delight wird mit starkem türkischem Mocca gereicht – in unseren Breiten tut's auch ein guter Espresso. In einer hübschen Dose oder in einem Zellophantütchen ein tolles Geschenk für Kalorienfreunde!

LADY SCARMAN'S ROSE TEATIME

Es ist ein besonderer Genuss, einen dieser verhangenen und trüben englischen Nachmittage bei einer gepflegten Teatime in angenehmer Gesellschaft am freundlich züngelnden Kaminfeuer zu verbringen. Lady Scarman reicht **Rosentee**, der aus getrockneten Duftrosenblättern und feinstem Schwarztee gemischt ist.

Süßen könnte man, was die Lady rundweg ablehnt, mit **Rosenzucker**, dem auf 250 Gramm gerechnet 20 Gramm getrocknete, stark duftende und fein geriebene Rosenblütenblätter beigefügt werden. Ein wahres Gedicht ist die **Rosen-Pfirsichmarmelade** der Lady, denn sie mag kein *strawberry jam*, die Erdbeermarmelade, die so sehr zur englischen Teatime gehört wie der Tee selbst. Für zwei bis drei kleine Gläser braucht man

1 kg reife Pfirsiche (Fruchtfleisch)
50 ml Damascena-Rosenwasser
1 kg „1 plus 1 Gelierzucker"
den Saft und die Schale einer kleinen, unbehandelten Zitrone
eine kleine „Lady-Hand" weisse Rosenblütenblätter, die in feine Streifen geschnitten werden und in 50 ml Rosenwasser eingelegt werden (nicht über Nacht!)

Die Pfirsiche schälen, vierteln und jedes Viertel der Länge nach in mehrere dünne Streifen schneiden. In einer gut schließenden Dose mit 50 ml Damsacena-Rosenwasser und dem Gelierzucker über Nacht bei Zimmertemperatur ziehen lassen. Gut schütteln! Am nächsten Tag die ganze Masse

ROSENKÜCHE

mit der fein abgeschnittenen Schale und dem Saft der Zitrone in einen Topf geben und zum Kochen bringen. Drei bis vier Minuten sprudeln lassen, vom Herd nehmen und das Rosenwasser und die Rosenblätter hinzufügen, bevor die Marmelade in saubere und vorgewärmte Gläser abgefüllt wird.

Zur Marmelade passend gibt es **Rosenblütenbutter**. Hierzu Butter bei Zimmertemperatur etwas weich werden lassen, damit sie sich leichter verarbeiten lässt. Eine kleine Schale mit einer dünnen Schicht Butter füllen und mit duftenden, frischen Rosenblütenblättern belegen. Einige Tropfen Damascena-Rosenwasser mit in die Schale geben und mit Aluminiumfolie abdecken. Über Nacht im Kühlschrank lassen. Vor dem Servieren, die Rosenblütenblätter entfernen und die Schale mit frischen Blüten dekorieren. Rosenbutter und Rosen-Pfirsich-Marmelade mit frischem Toast oder leckeren englischen Scones servieren. Auch ohne Kaminfeuer ein Hochgenuss!

Ettenbühler Rosenkugeln sind eine Erfindung meiner Mutter und eigenen sich auch besonders gut zum Verschenken. (Hinweis: Am Vorabend beginnen!) Für ca. 60 Kugeln benötigen Sie

200 g getrocknete Aprikosen in kleine Würfel geschnitten
200 g gemahlene Mandeln
100 ml Damascena-Rosenwasser
200 g Marzipanrohmasse
etwas Backpapier und Alufolie
500 g gute (!) dunkle und/oder weiße Schokoladenkuvertüre
einige Zahnstocher

Die Aprikosen klein schneiden, zusammen mit den Mandeln und dem Damascena-Rosenwasser in eine gut schließende Glas- oder Plastikdose geben. Gut schütteln und über Nacht verschlossen bei Zimmertemperatur ziehen lassen. Diese Masse am nächsten Tag mit der Rohmarzipanmasse zu einem Teig kneten und kleine Kugeln von etwa einem Zentimeter Durchmesser formen. Die Kugeln auf eine Platte mit Alufolie legen und abdecken. Für 15 Minuten ins Gefrierfach stellen. In der Zwischenzeit die Kuvertüre im Wasserbad schmelzen. Die gekühlten Rosenkugeln auf Zahnstocher spießen und in der Kuvertüre drehen. Zum Trocknen auf ein Kuchengitter mit Backpapier legen, die Zahnstocher entfernen und kühl lagern. In einer hübschen Dose oder einem durchsichtigen Zellophantütchen ist dies ein wunderbares und köstliches Geschenk für Freunde, die Herbsüßes lieben!

Mit Rosenwasser kochen

Bei Marmeladen und Gelees sollte man das Rosenwasser möglichst immer erst zum Schluss zufügen, denn beim Kochen verflüchtigt sich das Aroma schnell. Auch andere Speisen, zum Beispiel Reis für asiatische Gerichte, können mit Rosenwasser aromatisiert werden. Probieren Sie es einfach aus.

Wellness & BEAUTY

Sie kommt als Botin aus dem Garten der Seele,
Des Schönen Sinn und Spiegel ist die Rose.
Von neuen Kräften wird der Geist durchdrungen,
sooft er schlürft, die Süssigkeit der Rose.

Rumi, 13. Jahrhundert

Wellness & BEAUTY

Heilerin & Helferin in einer hektischen Welt

Im Landhaus Ettenbühl stellen wir bei unseren Besuchern ein wachsendes Bewusstsein über die heilende und wohltuende Wirkung der Rose fest. Viele Kundinnen haben unsere Rosenkosmetik aus Interesse einmal probiert und sind aus Überzeugung dabei geblieben. Auch wird uns immer häufiger berichtet, dass vor allem Rosen-Gel eine besonders gute Wirkung auf irritierte Haut bei Kindern und Kleinkindern hat.

Bereits viele der alten Kulturen erkannten die Rose als Heilpflanze an. So wurden Rosenwasser und später Rosenöl in der ayurvedischen, ägyptischen und arabischen Medizin und in der römischen, griechischen und mittelalterlichen Heilkunde zur Linderung und Heilung unterschiedlichster Leiden eingesetzt.

ENTSPANNENDES UND ANREGENDES ROSENÖL

Natürlich waren es wieder die alten Römer, die der Rose besonders große Bedeutung als Aphrodisiakum einräumten. Heute ist auch wissenschaftlich erwiesen, dass echtes (!) ätherisches Rosenöl einen besonders positiven Einfluss auf Herz und Kreislauf, Magen und Darm und auf die Haut hat. Studien neuerer Zeit ergaben ebenfalls eine positive und entspannende Wirkung bei Stress, Depressionen und Ängsten und somit eine günstige Beeinflussung des gesamten seelischen Gleichgewichts. Aromatherapeuten schreiben dem Rosenöl aus diesen Gründen eine besonders große Bedeutung zu. Rosenöl kann als eines der wenigen ätherischen Öle für Massagen direkt auf die Haut aufgetragen werden und der freigesetzte Duft spielt eine wesentliche Rolle bei einer ganzheitlichen Behandlungsform. Auch bei der Behandlung von Depressionen und anderen psychischen Problemen wird die Dufttherapie mit Rosen eingesetzt, was leicht nachvollziehbar ist, denkt man an die positiven, vielleicht sogar beglückenden Gefühle, die sich in uns breit machen, wenn wir diesen Duft aufnehmen.

ENTZÜNDUNGSHEMMENDES UND ERFRISCHENDES ROSENWASSER

Rosenwasser ist eines der größten Geschenke der Natur. In islamischen Ländern ist es bis heute nicht aus dem Medizinschrank wegzudenken und wird bei Verbrennungen, Schnittwunden, Pilzkrankheiten und Ekzemen eingesetzt. Da es sehr sanft ist, eignet es sich auch besonders gut für die Anwendung bei Kindern und Babys. Bei Insektenstichen neutralisiert Rosenwasser auf fast magische Weise den Wirkstoff des Insekts, der normalerweise zu Juckreiz oder Entzündungen führt. Besonders in heißen Wüstenregionen kommt es sehr leicht zu Irritationen der Bindehaut des Auges, weshalb die Menschen dort seit Jahrhunderten ihre Augen mit Rosenwasser auswaschen, um Entzündungen zu vermeiden oder zu lindern. Wo wir in Europa besser zur sterilen Augenlösung aus der Apotheke

Aus Millionen von Rosenblütenblättern wird reines und wohltuendes Rosenwasser gewonnen.

greifen, erfüllt das Rosenwasser dort seinen Zweck genauso gut.

Auch als erfrischendes und belebendes Hauttonikum lässt sich Rosenwasser bestens verwenden – vor allem bei trockener Luft von Zentralheizungen und Klimaanlagen, wenn sich die Haut spröde und gespannt anfühlt. Ein kleiner Sprühflakon mit reinem Rosenwasser wirkt Wunder bei langen Flugreisen, wo die Luft meist besonders trocken ist. Die Haut wird nicht nur erfrischt und erhält eine gesunde Farbe, der unaufdringlich rosige Duft verbreitet insgesamt Wohlbefinden.

In trendsetzenden Schönheitsmagazinen liest man immer wieder, man solle sein persönliches Duftprofil erarbeiten. Alle Produkte, die man trägt, wie Cremes, Bodylotion, Parfum etc. sollten aufeinander abgestimmt sein, da sie in der Kombination vielleicht unangenehme Duftnoten erzeugen. Es kann auch passieren, dass ein Parfum bei einer Freundin geradezu atemberaubend gut duftet, auf der eigenen Haut aber unangenehm riecht. Interessanterweise steht der reine Rosenduft jedem Hauttyp und man kann sich eine ganze Rosenpflegeserie zusammenstellen oder selbst kreieren (Rezepte ab S. 70).

Wellness & BEAUTY

Ich bekenne, auch jenseits des Gartens, nämlich im Badezimmer, rosensüchtig zu sein. Mit Allergien belastet habe ich meinen Kosmetikplan seit einigen Jahren komplett auf Rose umgestellt, die ausgleichend auf meine Haut wirkt. Jeden Morgen und jeden Abend, wenn ich die Rosenwasserflasche öffne und mir der magisch anziehende Duft entgegenkommt, habe ich das unwiderstehliche Gefühl, in die Flasche eintauchen zu wollen. Es ist nicht nur die direkte Wirkung auf der Haut, die so wohltuend ist, es ist ebenso der Duft, der einfach belebend und unvergleichlich aufmunternd ist. Wer es einmal probiert hat, wird mir zustimmen: Guter Rosenkosmetik kann man tatsächlich verfallen.

Bei Bauchweh, Menstruationsbeschwerden oder Schlafstörungen einen Esslöffel Rosenwasser in einem Glas lauwarmen Wasser einnehmen. Das wirkt beruhigend und entspannend.

ROSENWASSER GEGEN DURCHFALL

Reines Rosenwasser (*Rosa damascena*) kann auch eingenommen werden. Interessanterweise wird unsere Nase komplett in die Irre geführt, denn wir wurden beim Nippen einen süßlichen Geschmack erwarten. Das Gegenteil ist der Fall: es schmeckt leicht bitter.

Im frühen Persien, das als Wiege der Rose angesehen wird, glaubte man, dass unterschiedliche Klima- und Bodenverhältnisse die Heilkräfte der Rose beeinflussten. Ein altes Sprichwort in Farsi (Altpersisch) gibt davon Zeugnis: „Rosen aus Aserbaidschan sind gut gegen Durchfall, Rosen aus Kerman (Iran) gegen Verstopfung."

Sie erinnern sich, dass Lady Scarman um 1930 mit Fraya Stark durch die Welt reiste. Im Jemen wurden die (allein reisenden!) Damen vom dortigen Scheich zu einem großen Abendessen eingeladen. Fraya Stark saß neben dem Scheich, der ihr zum Höhepunkt des Abends ein Schälchen mit Schafsaugen reichte. Eine große Ehre, die keinesfalls zurückgewiesen werden darf, einer Europäerin jedoch Schweißtröpfchen auf die Stirn treiben kann. Fraya, nicht dumm und vorgebend, freimütig zu teilen, gab das Schälchen direkt an Lady Scarman weiter, die keine andere Wahl hatte, als es entgegenzunehmen, ihre Augen zu schließen, den Inhalt mutig zu schlucken, wobei sie tunlichst das Kauen vermied. Ob es nun das Auge des Schafs war oder eine andere Speise des opulenten Mahls, das weiß sie nicht, aber sie erwachte am frühen Morgen mit schlimmem Bauchweh. Der Wesir des Scheichs eilte, ein Fläschchen Rosenwasser herbei zu holen, und verordnete ihr, alle zwei Stunden einen Esslöffel davon in lauwarmem Wasser einzunehmen. Man kann nur annehmen, dass das Rosenwasser aus Aserbaidschan kam, da die Behandlung binnen weniger Stunden Wirkung zeigte und die Lady wieder gänzlich hergestellt war.

Wie im vorigen Kapitel, in dem es um die Rose als Küchenpflanze ging, muss auch hier festgehalten werden, dass nur Produkte aus echtem und reinem Damascena-Rosenwasser und Rosenöl eingenommen werden sollten. Nur sie besitzen die wohltuenden, heilenden oder stimulierenden Fähigkeiten (s. Seite 54/55). Naturidentische Öle, ein unechtes

Rosenwasser oder eine Hautcreme, die etwas nach Rosen duftet, kann diese Kräfte nicht freisetzen.

WENN MIR DIE ROSE GUT TUN SOLL ...

ist es wichtig, Folgendes zu bedenken, bevor Rosenprodukte gekauft, oder Hausmittel und Kosmetik damit selbst hergestellt werden:

- Für die Gesichts- und Körperpflege, Dampfbäder oder andere Anwendungen auf jeden Fall das reine Damascena-Rosenwasser (s. Seite 68) aus dem Iran, der Türkei oder Bulgarien verwenden. Die Aufschrift auf der Flasche sollte 'Rosa damascena' lauten. In einer dunklen Flasche und kühl gelagert ist es mehrere Monate haltbar. Dieses Rosenwasser kann in sinnvoller Dosierung auch eingenommen werden und ist bei Kopfschmerzen und Migräne in Form kalter Kompressen für Augen und Schläfen ebenfalls sehr wohltuend.
- Zur Aroma- und Dufttherapie, zur Herstellung eigener Kosmetika und duftender und entspannender Massageöle sollte man ebenfalls zum natürlichen Damascena-Rosenöl greifen. Auch hier auf den entsprechenden Hinweis auf dem Etikett achten. Dieses Rosenöl ist sehr teuer, aber unserer Meinung nach empfehlenswert, wenn man gesundheitsfördernde und wohltuende Wirkungen erzielen möchte.
- Wildrosenöl, merkwürdigerweise mit „Rosa moschata" oder „Rosa mosquata" bezeichnet, wird aus Hagebuttenkernen von Wildrosen (Rosa rubiginosa und Rosa canina) gepresst und ist besonders gut als Hautfunktions- und Massageöl geeignet. Es duftet nicht nach Rosen und wird schnell ranzig, weshalb man es in der Regel mit anderen Ölen mischt.
- Marokkanisches oder französisches Rosenöl (Rosenabsolue), das man aus Rosa centifolia gewinnt, dient zur Parfumherstellung, hat aber keine wohltuenden oder gar heilenden Fähigkeiten und enthält überdies Lösungsmittelrückstände wie Hexan. Dies zwar in unbedenklichen Mengen, aber wir raten trotzdem davon ab, es für Speisen oder Kosmetika zu verwenden. Auf dem Etikett erkennt man dieses Rosenöl am Herkunftsland (Marokko, Ägypten, Frankreich) oder an den Bezeichnungen „Rosa centifolia" und „Rosenabsolue".
- Naturidentisches Rosenöl ist gänzlich ungeeignet für Aroma-, Duft- oder andere Anwendungen. Man sollte es weder zum Kochen noch für die Herstellung von Kosmetika verwenden. Für Duftlampen und Dekorationen ist es geeignet.

Rose schafft Linderung
Anwendungen mit Rosenwasser
Augenkompressen bei Kopfweh
zur Reinigung kleiner Wunden
mit lauwarmem Wasser bei Bauchweh
mit lauwarmem Wasser bei Schlafstörungen
Anwendungen mit Rosenöl
Dufttherapie bei Niedergeschlagenheit
Massageöle zur Lösung von Verspannungen
Anwendungen mit Rosengel
Sonnenbrand, Insektenstiche, leichte Verbrennungen

Wellness & BEAUTY

Die Gewinnung von Rosenwasser und Rosenöl

Die Legende erzählt, dass die persische Prinzessin Nour Djiham das Rosenöl entdeckte. Anlässlich ihrer Hochzeit mit Prinz Punj Dji Kanjuy waren die Kanäle des königlichen Palastgartens mit Rosen und Rosenwasser gefüllt. Als die Prinzessin in einem Boot durch diese Kanäle gerudert wurde, ließ sie ihre Hände durch das duftende Wasser gleiten. Sie bemerkte eine honigähnliche Substanz an ihren Fingern und auf dem Wasser. Auf ihren Rat befahl der Prinz sogleich, diese Substanz abzuschöpfen und in Fläschchen zu füllen. Dies soll – so die Legende – der Ursprung des „Attar of Rosc", des ursprünglichen Rosenöls, gewesen sein.

Rosenöl, dass in Kupferkesseln destilliert wurde, hat einen grünlichen Schimmer. Rosenöl aus Edelstahlkesseln schimmert gelblich.

Keine Legende, sondern eine der faszinierendsten Entdeckungen unserer Zeit ist eine 5000 Jahre alte Destillationsvorrichtung aus Terrakotta, die in Pakistan gefunden wurde. Man weiß heute, dass Destillate aus Weiden-, Rosen- und Orangenblütenwasser schon zu jener Zeit als Medizin und Konsumgut eine verfügbare Handelsware darstellten.
Auch kann man davon ausgehen, dass Rosenöl schon um 1000 v. Chr. bei den Ägyptern bekannt war. Sie erfanden Behältnisse aus Glas und konnten das besonders wertvolle Handelsgut somit erstmals über längere Zeiträume aufbewahren.

Vereinfacht dargestellt kann man sich die heutige Herstellung von Rosenwasser und Rosenöl im Iran, woher wir unser Rosenwasser bekommen, folgendermaßen vorstellen:
In der Morgendämmerung ziehen die Pflücker und Pflückerinnen – häufig noch in traditionellen Kostümen – auf die Rosenfelder, um Millionen von Rosenblüten zu ernten, deren Ölgehalt so früh am Morgen am höchsten ist. In großen Kesseln werden die frischen Blüten später gekocht. Über vier Wochen Blühzeit werden jeden Morgen um die 1,2 Millionen Blüten geerntet, die ca. 2,5 Tonnen wiegen und in jeweils 18 Tonnen reinem Gebirgs-

Bekannte Rosenparfums

- ▶ Roses and More/Priscilla Presley
- ▶ Rose de Mai/Revlon
- ▶ Le Bain/ Joop
- ▶ Jardin de Bagatelle/Guerlain
- ▶ Nina/Nina Ricci
- ▶ Eau Fleurie/Lancaster
- ▶ Women/Bogner
- ▶ Barynia/Helena Rubinstein
- ▶ Calèche/Hermès
- ▶ C'est moi/Aigner
- ▶ Fleurs d'Orlane/Orlane
- ▶ Paris/Yves Saint-Laurent
- ▶ Trésor/Lancôme

wasser einmal gekocht werden. Daraus wird in einem sehr langsamen Prozess Rosenwasser destilliert. In einem weiteren Destillationsdurchgang wird daraus dann lediglich ein Liter Rosenöl gewonnen. Da versteht sich der Preis von selbst. Das Rosenwasser aus dem Iran ist deshalb so gut und auch teuer, weil die Destillerien über 3000 Meter hoch im Gebirge liegen. Dort oben ist der Siedepunkt niedriger, weshalb die Destillation sehr langsam vor sich geht. Das feinste Rosenwasser und Rosenöl wird aus *Rosa damascena* 'Turingipetala' gewonnen, die sich im wesentlichen seit den alten Griechen und Römern nicht verändert hat und nur vier Wochen im Jahr blüht. Nachdem alle Blüten geerntet und Rosenwasser und Rosenöl destilliert sind, sinken die Fabriken für den Rest des Jahres in eine Art Dornröschenschlaf, bis sie von der Rosenblüte des nächsten Jahres wieder wachgeküsst werden.

Die ganz besonders hochwertigen Rosenöle finden häufig nicht den Weg nach Europa. Sie bleiben bei den Parfumherstellern des Nahen Ostens, die auf altertümliche und traditionelle Weise all die reichen und mystischen Düften des Orients miteinander verbinden: Sandelholz, Patchouli, Weihrauch, Jasmin und natürlich die Rose sind hier die Ingredienzen.

Ätherisches Rosenöl, das den Weg zu uns findet, kauft man im Milliliter ein. Ungefähr acht Tropfen ergeben einen Milliliter, so dass man ca. DM 10,– für einen Tropfen bezahlt. Das mag auf den ersten Blick sehr teuer sein, da man aber immer nur wenige Tropfen für spezielle Anwendungen oder zur Herstellung eigener Kosmetika benötigt, lohnt sich diese Investition für Ihr Wohlbefinden.

Ätherisches Rosenöl ist bei einer Temperatur bis 20 °C in der Regel dickflüssig. Das Fläschchen vor der Anwendung oder Verarbeitung in einem warmen Tuch leicht anwärmen, damit das Öl flüssiger wird. Ist es auch unter 20 °C flüssig, wurde Alkohol hinzugefügt, was die Gewinnspanne des Händlers vergrößert und eigentlich nicht in Ordnung ist. Achten Sie beim Kauf darauf!

Wer eigene Rosenkosmetik herstellt,
sollte zu reinem Rosenwasser und Rosenöl
greifen.

Rosenkosmetik selbst gemacht

Die folgenden Rezepte beinhalten Rosenwasser, Rosenöl und andere ätherische Öle und sind leicht selbst herzustellen. Unsere Rosenprodukte sind für alle Hauttypen geeignet. Außer beim Rosengel, das einen geringen Alkoholanteil beinhaltet, werden keine Konservierungsmittel verwendet, so dass man die Kosmetik kühl – am besten im Kühlschrank – lagern sollte. Natürlich ist die selbst gemachte Kosmetik auch nicht so lange haltbar wie ein professionell hergestelltes Produkt. Deshalb raten wir, immer nur kleine Mengen auf einmal herzustellen. Wie auch beim Kochen, hängt der Erfolg von der guten Qualität der Grundzutaten ab. Anders als beim Kochen können Sie jedoch das Ergebnis nicht sofort einschätzen, weil ätherische Öle und Duftwasser mindestens drei Tage brauchen, bis sie ihr volles Aroma entfalten. Also nicht enttäuscht sein, wenn nach getaner Arbeit nicht gleich ein umwerfend guter Duft entsteht! Und: Kosmetik und Badezusätze rechtzeitig ansetzen, wenn sie als Geschenke oder Verführer zu einem bestimmten Anlass dienen sollen.

Zur Herstellung sollte man Edelstahl- oder Glasgefäße wählen. Auch die Werkzeuge sollten aus Glas oder Edelstahl sein – Holzkochlöffel oder ähnliche Hilfsmittel bitte nicht verwenden. Cremes, Bodylotion und andere selbst gemachte Produkte halten sich am besten in dunklen Glasflaschen oder Cremedöschen, die mit einem guten Schraubverschluss oder Pfropfen ausgestattet sind. Sammeln Sie einfach Cremedosen von aufgebrauchten Kosmetika und reinigen Sie diese gründlich. Nach Möglichkeit keine Plastikbehälter verwenden, weil ätherische Öle tatsächlich hindurch wandern können, sich verflüchtigen oder mit anderen Duftnoten mischen. Besorgen Sie sich Pipetten (Apotheke) für das Abmessen der verschiedenen ätherischen Öle, beschriften Sie diese und benutzen Sie sie zukünftig ausschließlich für dieses bestimmte Öl. Ätherische Öle sollten in dunklen Gefäßen verkauft werden, – ist das nicht der Fall, bewahrt man das Öl am besten in einer Schublade oder an einem anderen dunklen Ort auf, der keinen großen und plötzlichen Temperaturschwankungen ausgesetzt ist. Ätherische Öle sind unter diesen Umständen über Jahre haltbar.

ROSEN-GEL

Kühlendes und glättendes Hautgel, besonders gut bei Sonnenbrand und Insektenstichen. Auch als Emulgator zu verwenden, wenn Rosenwasser mit Cremes oder Ölen vermischt wird.

Xanthum Gum (Gelbildner) hat erstaunlich gute Eigenschaften, Rosenwasser oder andere ätherische Duftwasser zu absorbieren.

2,5 g Xanthum Gum mit
7,5 ml Alkohol (Weingeist 90%)

in einer Glasschale gut mischen und für drei Stunden stehen lassen. Es sollte sich dann eine cremige Paste ohne Klümpchen gebildet haben. Man sollte sich nicht vom Geruch abschrecken lassen, der spä-

---

Rosen, Tanten,
Basen, Nelken
sind genötigt zu verwelken.

(Wilhelm Busch)

ter schnell verfliegen wird. Diese Mixtur in ein Glasgefäß geben und langsam, nach und nach

80 ml Damascena-Rosenwasser

mit dem Küchenmixer (Stufe 1) unterrühren. Wenn man das Gel als Basis weiterer Rezepte benutzen möchte, in dieser Form in ein Gefäß abfüllen. Wer das Gel als Hautgel nutzt gibt

3 Tropfen ätherisches Rosenöl und

1 Tropfen ätherisches Geranium-Öl dazu.

In Glasdöschen abfüllen und kühl lagern. Wegen des enthaltenen Alkohols hält sich dieses Gel gut drei Monate.

HANDCREME FÜR ROSENGÄRTNER

Hierbei handelt es sich um eine gehaltvolle Handcreme, die nicht nur zur Pflege der Hände nach getaner Arbeit benutzt werden kann, sondern auch einen guten Hautschutz während der Gartenarbeit mit bloßen oder behandschuhten Händen darstellt. Die Creme ist gehaltvoll und feuchtigkeitsspendend, glättet raue und rissige Haut und die enthaltenen ätherischen Öle unterstützen die Heilung kleinerer Wunden.

10 g gelbes, reines Bienenwachs
(ohne Farbstoffe und Fremdgerüche)

Zutaten für die eigene Rosenkosmetik*

Mandel-Öl	enthält Proteine, Vitamine, Pflanzenfett, hautfreundlich für empfindliche und trockene Haut
Avocado-Öl	dringt besonders gut in die oberste Hautschicht ein, vitaminreich
Jojoba-Öl	besonders hautfreundlich, sehr gut haltbar
Geranium-Öl	als Ersatz oder Verstärker von Rosenöl
Rosenöl	siehe Ausführungen über Rosenöl
Sandelholz-Öl	gut für Seifen, Parfums, Badezusätze, angenehmer balsamischer Duft
Bienenwachs	Konsistenzregler für Salben, Cremes und Lippenstifte, spärlich anzuwenden und gelbes Roh-Bienenwachs verwenden!
Shea Butter	gute Basis für Cremes und Salben
parfumfreies Waschgel	als Basis für Seifen und Duschbäder
Meersalz	als Badezusatz, hautreinigend – und beruhigend
Xanthum Gum (Gelbildner)	zur Herstellung von Basisgels und Binder, für Duftwasser und Öle
Glycerin	macht Cremes und Salben weich

* Alle Zutaten für die angegebenen Rezepte sind in Apotheken, Reformhäusern und Spezialversandhandel (s. S. 78) erhältlich oder können dort bestellt werden.

Wellness & BEAUTY

in ein dickes Glas geben und im Wasserbad schmelzen. In einem anderen Glas

10 ml Jojoba-Öl,
5 ml Avocado-Öl und
5 ml Glycerin

wärmen und dem geschmolzenen Bienenwachs im Wasserbad zufügen. Die Mixtur im Wasserbad lassen (nicht zu heiß!). Zwischenzeitlich

30 ml Damascena-Rosenwasser mit
5 g Speisestärke mischen.

Die Wachs-Öl-Mixtur aus dem Wasserbad nehmen und die Rosenwasser-Mixtur langsam mit einem Küchenmixer auf kleinster Stufe unterrühren bis sich eine glatte und cremige Masse ergibt. Während die Paste noch warm ist,

5 Tropfen ätherisches Rosenöl,
1 Tropfen ätherisches Geranium-Öl und
1 Tropfen ätherisches Sandelholz-Öl

zufügen und vorsichtig unterrühren. Abkühlen lassen und in kleine Cremedöschen – möglichst aus Glas – abfüllen und kühl lagern.

ROSIGE NACHTCREME

Diese Creme ist dick und gehaltvoll. Sie kann sehr sparsam aufgetragen werden.

In vielen Rezepturen zur eigenen Herstellung von Cremes wird Lanolin empfohlen, da es Wasser und Fette gut verbindet. Unser Rezept beinhaltet bewusst kein Lanolin, weil es meistens aus tierischen Fetten (Wollwachs vom Schaf) hergestellt wird und bei vielen Menschen allergische Reaktionen auslöst.

5 g gelbes, reines Bienenwachs (ohne Farbstoffe und Fremdgerüche)

in ein dickwandiges Glas geben und im Wasserbad schmelzen.

10 ml Glycerin
5 ml Jojoba-Öl und
5 ml Avocado-Öl

hinzufügen und mischen. Während die Masse noch im heißen Wasserbad steht, werden

30 ml Rosen-Gel (Grundrezept S. 70)

langsam hinzugefügt und vorsichtig untergerührt. Als Lanolin-Ersatz dient eine Mixtur aus

5 g Speisestärke in
10 ml Damascena-Rosenwasser,

die der Masse im Wasserbad jetzt unter ständigem, aber langsamem Rühren mit dem Küchenmixer zugefügt wird. Das Wasserbad vom Herd nehmen und die Masse leicht abkühlen lassen, bevor

ROSENKOSMETIK

4 Tropfen ätherisches Rosenöl und
1 Tropfen ätherisches Geranium-Öl

zur immer noch warmen Paste hinzugefügt und per Hand untergemischt werden.

ROSEN-BADESAHNE

Es heißt, Kleopatra hätte nicht nur in Milch gebadet, sondern auch in Rosenwasser. Wer es ihr gleichtun und beides miteinander verbinden möchte, kann sich ein gleichermaßen extravagantes wie entspannendes Bad gönnen.

2 Esslöffel süße Sahne,
1 Esslöffel flüssiger Honig,
1 Esslöffel Mandel- oder Avocado-Öl und
1 Esslöffel Damascena-Rosenwasser
  gut mixen,
5 Tropfen ätherisches Rosenöl

hinzufügen. Diese Mixtur ins warme Badewasser geben. Für ein genussvolles Bad zu zweit kann man mit frischen Rosenblütenbättern für romantische Stimmung sorgen.

ROSEN-BADESALZ

Meersalz wird seit Jahrhunderten wegen seiner natürlichen Heilwirkung auf die Haut geschätzt. Besonders am Toten Meer werden heute viele Hauterkrankungen erfolgreich behandelt, was am extrem hohen Salzgehalt und der speziellen Zusammensetzung des Salzes liegt. Kombiniert mit Rosenöl haben die Kristalle des Meersalzes eine besonders hautberuhigende und hauterneuernde Wirkung. Insgesamt wirkt das Bad entspannend.

150 g Meersalz,
5 Tropfen ätherisches Rosenöl,
3 Tropfen ätherisches Geranium-Öl und
1 Tropfen ätherisches Sandelholz-Öl

zusammen in ein gut schließendes Glas geben und zwei bis drei Minuten langsam mit einer Gabel mischen. Das Glas verschließen und kühl und dunkel lagern. Je länger diese Mischung nun ruht, desto intensiver wird der Duft. Das Meersalz nimmt die ätherischen Öle sehr langsam auf, setzt sie später im Badewasser aber um so intensiver wieder frei.

Eine kleine Hand voll reicht für ein angenehm duftendes und entspannendes Vollbad, das ebenfalls mit frischen Rosenblütenblättern geschmückt werden kann.

Wellness & BEAUTY

ROSEN-BODYLOTION

Wenn Sie diese Bodylotion abends nach einem Bad oder einer Dusche auftragen, wachen Sie am nächsten Morgen in zarten Rosenduft gehüllt auf. Als Massage-Lotion verwendet, spürt man die entspannende Wirkung und hat das Gefühl, in rosige Sphären zu entschweben. Wer einen Tag am Strand verbracht hat und eine Menge Wind, Sonne und Salzkristalle abbekommen hat, wird nach der abendlichen Dusche die angenehme Kühlung dieser Lotion genießen. Die Haut beruhigt und entspannt sich, der Geist wird belebt.

2 g Gelbildner

werden in

20 ml Damascena-Rosenwasser

aufgelöst.

10 g Shea Butter

in ein dickwandiges Glas geben und das Rosenwasser-Gemisch hinzufügen. Das Glas in ein heißes, aber nicht kochendes Wasserbad stellen und warten bis die Shea Butter geschmolzen ist.

20 ml Rosenwasser,

2,5 ml Glyzerin und

5 ml Jojoba-Öl

dazu geben und die Masse gut durchmixen bis sie ganz glatt ist. Leicht abkühlen lassen und der lauwarmen Lotion

4 Tropfen ätherisches Rosenöl,

2 Tropfen ätherisches Geranium-Öl und

1 Tropfen ätherisches Sandelholz-Öl

hinzufügen und wie gewohnt abfüllen.

HAUTPFLEGEÖLE FÜR MASSAGEN UND KÖRPERPFLEGE

Sie können mit verschiedenen Ölen experimentieren und dabei schnell herausfinden, welches für Sie persönlich am angenehmsten ist. Das macht nicht nur viel Spaß, sondern regt die Fantasie an und Sie werden feststellen, dass es sich hierbei um eine ausgesprochen entspannende und kreative Tätigkeit handelt. Manche Menschen versetzt das Ausprobieren mit Ölen, Wassern und Essenzen gerade-

Bei der Herstellung eigener Rosenkosmetik immer darauf achten, passendes Werkzeug zu verwenden. Kein Holz, kein Plastik und gut schliessende Behälter.

ROSENKOSMETIK

zu in einen Experimentierrausch, was wahrscheinlich an den vielen Düften liegt, die alle möglichen Gefühle in uns freisetzen, Erinnerungen wachrufen oder einfach wohltuend auf unsere Nerven wirken. Der Wohlfühlfaktor setzt also schon ein, bevor ein Massageöl oder eine Körperpflege überhaupt fertig gestellt ist oder angewendet wird.

Bei Ölen unterscheidet man so genannte Trägeröle wie beispielsweise Avocado-Öl, Mandel-Öl, Jojoba-Öl, Weizenkeim-Öl oder Wildrosenöl und ätherische Öle wie Rosenöl, Jasmin-Öl, Myrre-Öl, Lavendel-Öl oder Sandelholz-Öl.

Die Trägeröle kann man mit ätherischen Ölen mischen, um Hautpflege oder Massageöle mit verschiedenen Wirkungen und Duftnoten selbst herzustellen. Das ist ein recht einfacher Prozess, bei dem man lediglich auf die richtige Abfüllung und Lagerung achten muss, damit die Öle nicht vorzeitig verderben. Generell gilt auch hier: in dunklen Glasflaschen kühl lagern, wobei man sich beim Kauf trotzdem nach der Haltbarkeit unterschiedlicher Öle erkundigen sollte. Öle sind sehr mild und verträglich für die Haut und können deshalb auch sehr gut bei Kindern oder Babys angewendet werden.

Für **Baby – und Kinderhaut** eignet sich

100 ml Mandel-Öl oder Pfirsichkern-Öl mit
2 Tropfen ätherischem Rosenöl.

Beides in ein dunkles Fläschchen geben und gut schütteln. Vor allem nach dem Baden auf raue oder spröde Stellen auftragen und gut einmassieren.

Für **reife und strapazierte Haut** eignet sich

100 ml Avocado-Öl oder Aprikosenkern-Öl mit
5 Tropfen ätherischem Rosenöl.

Beides in ein dunkles Fläschen geben und gut schütteln. Am besten vor dem Zubettgehen Gesicht, Hals und andere strapazierte Stellen mit dem Avocado-Rosen-Öl gut massieren. Das Rosenöl setzt bei einer langsam kreisenden Massage seine glättende und beruhigende Wirkung frei.

Zum Abschluss der Kosmetikrezepturen möchte ich noch einmal darauf hinweisen, dass alle angegebenen Rezepte als Hausmittel bzw. hausgemachte Kosmetika zu betrachten sind, deren Qualität nicht mit einem professionell hergestellten Produkt verglichen werden kann. Hersteller solcher Produkte oder Bezugsquellen finden Sie auf Seite 78.

Wir wünschen Ihnen viel Vergnügen und Freude mit und an Ihren Rosen!

REGISTER

Die **halbfett** gesetzten Zahlen weisen auf Fotoabbildungen hin.

Aconitum 36, 37
Alba-Rosen 25
Albéric Barbier 30
Artemisia ludoviciana 34, 36
Barbier 14
Belle Amour 19
Bergamot 37
Blush Noisette 30
Brewood Belle 28, 31
Buchsbaum 37
Buxus sempervirens 37
Campanula 36, 37
Cardinal de Richelieu 14
Cecile Brunner 15
Céline Forestier 26, 30
Centifolien 19
Clematis 29, 34, **35**, 38
Clematis viticella 34
Cochet 14
Comte de Chambord 55
Constance Spry 19
Damascena-Rose 16, 19, 54
Delphinium 36
Dianthus 36, 37
Dicentra 37
Digitalis purpurea 36
Ehrenpreis 36
Eisenhut 36, 37
Englische Rosen 19
Ettenbühler Rosenkugeln 61
Félicité Parmentier 25, 31
Fergie 17
Fingerhut 36
Galanthus 37
Geißblatt 37
Geranium 36
Geranium clarkei 36
Glockenblume 36, 37
Gloire de Dijon 26
Golden Wings 26
Gruß an Aachen 14

Guinée 26
Gypsophila 36
Hautpflegeöle 75
Heuchera micrantha
Hiroshima's Children 14
Hochstammrosen 30
Iris 37
Ispahan **18**, 55
Jacques Cartier 13, 34, 55
Kaiserin Joséphine 12, 14
Katzenminze 37
Kiftsgate 25
Kletterrose 21, 22, **25**, 26, 42
Königin von Dänemark 14, 25
Königskerze 36
Kugeldistel 37
La Reine Victoria 55
Lady Hillingdon 26
Lady Scarman 15, 16, 60
Lavatera 37
Levkojen 38
Little White Pet 14, 31
Lonicera 37
Lord Penzance 19, 21
Louise Odier 55
Lychnis coronaria 36
Madame Alfred Carrière 26
Madame Caroline Testout 14, 26
Madame Grégoire Staechelin 26
Madame Hardy 55
Madame Isaac Pereire 14, 26, **35**, 55
Maiden's Blush 14
Malve 37
Mannings Blush 19
Maurina, Zenta 18
Mevrouw Nathalie Nyples 31
Moschata-Hybriden 15, 19
Moschus-Rosen 19, 20
Mrs. Billy Crick 28
Narzissen 37
Nelken 37
Nelly Moser **35**

Nepeta fassenii 37
New Dawn 28, 55
Nicotiana 38
Old Blush China 31
Omar Khayyam 16
Oregano 37
Origanum vulgare 37
Paul's Himalayan Musk 30
Peace 17
Penstemon barbata 36
Persische Gelbe 21
Pfeifenstrauch 37
Philadelphus 37
Phlox 37
Phyllis Bide 31
Princess Diana 14
Ramblerrosen 21, 27, 42
Rambling Rector 30
Reseda 38
Rittersporn 36
Robinson, William 34
Rosa damascena 49, 54
Rosa damascena bifera 55
Rosa foetida persiana 21
Rosa gallica versicolor **23**
Rosa mundi **23**
Rosa primula 19
Rosalia 12, 46
Rose de Rescht 55
Rose Teatime 60
Rose Turkish Delight 60
Rosen-Badesahne 73
Rosen-Badesalz 73
Rosenblütenbutter 61
Rosen-Bodylotion 74
Rosenbowle 57
Rosen-Gel 70
Rosen-Handcreme 71
Rosenkugeln, Ettenbühler 61
Rosenlimonade 56
Rosen-Nachtcreme 72
Rosenöl 64, 67
Rosen-Pfirsich-Marmelade 60
Rosensorbet 58
Rosentee 60
Rosenwasser 56, 61, 64, 66, 68

Rosenzucker 60
Rosmarin 37
Rosmarinus officinalis 37
Salbei 37
Sackville-West, Vita 13, 18, 24, 34
Salvia 37
Scarman, John 18, 28, 41
Scarman's Crimson China 31
Scarman's Himalayan Musk 30
Schleierkraut 36
Schneeglöckchen 37
Sombreuil 26
Soupert et Notting 14
Souvenir de la Bataille de Marengo 14
Souvenir de la Malmaison 11, 14, 15, 55
Souvenir du Docteur Jamain 55
Souvenir du Mme Léonie Viennot 25
Steffi Graf 14
Stockrosen 36
Storchschnabel 36
Strauchrosen 42
Tabakpflanze 38
Teerosen 19
The Lady Scarman **14**, 15, 21, 30, 31, 55
Thymian 37
Thymus 37
Tränendes Herz 37
Tulpen 37
Variegate die Bologna 14
Veilchen 37
Verbascum 36
Veronica 36
Very, Rosemary 34
Vinaigrette 58
Viola 37
Wildrosen 19
Wildrosenöl 67, 68
Yvette 31
Yvonne Rabier 31
Zéphirine Drouhin 25, 55
Zierlauch 37

GU GARTENTRÄUME
Trendige Themen rund um den Garten

ISBN 3-7742-1393-3
80 Seiten

ISBN 3-7742-1680-0
80 Seiten

ISBN 3-7742-5384-6
80 Seiten

ISBN 3-7742-5331-5
80 Seiten

Die neue Reihe zu aktuellen Themen, frisch und ansprechend gestaltet, zum Verschenken oder selbst behalten.

WEITERE TITEL ZUM THEMA GARTEN BEI GU:
- Kleine Gärten planen und gestalten
- Rosen erfolgreich pflegen
- Gartenspaß für Einsteiger
- Balkon- und Kübelpflanzen für Einsteiger

Gutgemacht. Gutgelaunt.

IMPRESSUM

BÜCHER UND ADRESSEN, DIE WEITERHELFEN

Scarman, J.: *Gärtnern mit Alten Rosen*, Christian Verlag, München
Sackville-West, V.: *Aus meinem Garten*, Ullstein Verlag, Berlin
Simon, H.: *Gartengestaltung*, Gräfe und Unzer Verlag, München
Worm, G.: *Rosen erfolgreich pflegen*, Gräfe und Unzer Verlag, München

- *Rosenbaumschulen und Gärtnereien*

The English Gardening School & Rosenbaumschule Landhaus Ettenbühl
Hof Ettenbühl
79415 Bad Bellingen-Hertingen
www.landhaus-ettenbuehl.de

Schultheis Rosenhof
61231 Bad Nauheim-Steinfurth

Richard Huber AG
CH-5605 Dottikon

Rosenvertrieb Kalbus
Danzigerstrasse 82
90518 Altdorf

F.M. Westphal Clematiskulturen
Peiner Hof 7
25497 Prisdorf

Staudengärtnerei Gräfin von Zeppelin
79295 Sulzburg – Laufen

- *Natur – und Rosenkosmetik*

Crabtree & Evelyn AG
Landhaus Ettenbühl

Spinnrad GmbH

The Body Shop

DIE AUTOREN

Die ehemalige TV-Redakteurin Stefanie Körner und der renommierte Rosen- und Gartenexperte John Scarman leiten das „Landhaus Ettenbühl" mit Gartenschule und Rosengärten in Bad Bellingen.

DIE ZEICHNERIN

Birgit Hrouzek studierte Modegrafik und arbeitet heute als Grafikerin, Designerin und Illustratorin in München.

BILDNACHWEIS

Die Fotografen: Caspersen: Seite 23, 43, 48 li., 53; Fischer: Seite 11, 25, 36, 44, U4; Franz: Seite 21, 48 re., 59, 69; Garten International/Endress: Seite 47; Körner: U1 (Rosen), Seite 5 o., 6, 8, 14, 18, 35, 62, 65; mein schöner Garten/Krieg: Seite 5 u., 56, 74; Nickig: Seite 28; Schneider/Will: U1 (Hintergrund, Flacons), Seite 2/3, 4, 39; Strauß: Seite 30.

DANK

Meiner Mutter gewidmet, deren jahrelanges kreatives, mühevolles und vor allem enthusiastisches Wirken, Vorbild und Inspiration für mich ist. Sie hat einen Ort geschaffen, der mir und vielen anderen Menschen Quell großer Freude und Kraft ist. Mein herzlicher Dank gilt John und Doro für die liebevolle und tatkräftige Unterstützung bei diesem Buch und im Landhaus Ettenbühl-Alltag!

© Gräfe und Unzer GmbH, München
Alle Rechte vorbehalten. Nachdruck, auch auszugsweise, sowie Verbreitung durch Film, Funk, Fernsehen und Internet durch fotomechanische Wiedergabe, Tonträger und Datenverarbeitungssysteme jeder Art nur mit schriftlicher Genehmigung des Verlages.

Redaktion: Sabine Schulz, Eva Tauber
Umschlaggestaltung: Independent Medien-Design, München
Layout: Stefan Heß, Ehrenstetten
Herstellung: Ute Hausleiter
Satz: Bernd Walser Buchproduktion
Reproduktion: w&co Media-Service
Druck und Bindung: L. Auer GmbH
Printed in Germany

ISBN 3-7742-5384-6

Auflage	4.	3.	2.	1.
Jahr	2004	2003	2002	2001

Das Original mit Garantie

Ihre Meinung ist uns wichtig.
Deshalb möchten wir Ihre Kritik, gerne aber auch Ihr Lob erfahren. Um als führender Ratgeberverlag für Sie noch besser zu werden. Darum: Schreiben Sie uns! Wir freuen uns auf Ihre Post und wünschen Ihnen viel Spaß mit Ihrem GU-Ratgeber.

Unsere Garantie:
Sollte ein GU-Ratgeber einmal einen Fehler enthalten, schicken Sie uns das Buch mit einem kleinen Hinweis und der Quittung innerhalb von sechs Monaten nach dem Kauf zurück. Wir tauschen Ihnen den GU-Ratgeber gegen einen anderen zum gleichen oder ähnlichen Thema um.

Ihr Gräfe und Unzer Verlag
Redaktion Garten
Stichwort: Gartenträume
Postfach 86 03 66
81630 München
Fax 089/ 41981-113
e-mail: leserservice@graefe-und-unzer.de

WICHTIGER HINWEIS

Die Ratschläge und Rezepte des vorliegenden Buches wurden sorgfältig recherchiert. Bei empfindlicher Haut bitte abklären, ob die Inhaltsstoffe vertragen werden. Alle Dünge- und Pflanzenschutzmittel, auch die biologischen, für Kinder und Haustiere unerreichbar aufbewahren. Der Verzehr dieser Mittel kann zu gesundheitlichen Schäden führen. Außerdem dürfen sie nicht in die Augen gelangen.